# 图书营销7堂课

常晓武 著

世界图书出版公司

北京·广州·上海·西安

**图书在版编目（CIP）数据**

图书营销7堂课/常晓武著.—北京：世界图书出版公司北京公司，2014.6
ISBN 978-7-5100-8191-0

Ⅰ.①图… Ⅱ.①常… Ⅲ.①图书－市场营销学 Ⅳ.①G235

中国版本图书馆CIP数据核字（2014）第133983号

图书营销7堂课

| | | |
|---|---|---|
| 著　　者： | 常晓武 | |
| 责任编辑： | 夏　丹 | |
| 出　　版： | 世界图书出版公司北京公司 | |
| 出 版 人： | 张跃明 | |
| 发　　行： | 世界图书出版公司北京公司 | |
| | （地址：北京市朝内大街137号　邮编：100010　电话：010-64038355） | |
| 销　　售： | 各地新华书店 | |
| 印　　刷： | 北京博图彩色印刷有限公司 | |
| 开　　本： | 880 mm×1230 mm　1/32 | |
| 印　　张： | 7 | |
| 字　　数： | 120千 | |
| 版　　次： | 2014年8月第1版　2014年8月第1次印刷 | |

ISBN 978-7-5100-8191-0　　　　　　　　　　　　　　　定价：28.00元

# 序

## 怎样成为优秀营销？

李 鲆

我在《中国出版传媒商报》（原《中国图书商报》）做编辑时，常晓武兄在接力出版社负责营销。

当时我和我的媒体同行们把营销编辑分为两种：一种是不靠谱的，一种是靠谱的。前者占绝大多数，后者比较稀少。

晓武属于后者。

晓武是资深图书营销者，多年从事图书营销宣传推广工作，曾担任"暮光之城"系列、"鸡皮疙瘩系列丛书"升级版、"刘墉励志系列"等众多品牌畅销书的媒介主理。2010年因参加电视相亲节目开展图书的电视植入广告而引发广泛报道，并入选"2011书业盘点新锐营销"。他给我的印象，是很低调、谦和、踏实，做事一丝不苟。参加过几次他组织的营销落地活动，每个细节都掌控得很好。我自己做过营销，深知组织落地活动之难：千头万绪，一个地方照顾不到就会出问题。能掌控到每个细节，是谓高手。

2012年，晓武应我同事邹昱琴（《营销周刊》主编）之邀，开始在《营销周刊》上连载"致图书营销新手的六封信"，在业内引发强烈反响。我一边追着看，一边在心里感慨：营销编辑难做吗？也难也易。难在，图书的品种很多，利润很薄，很难有较多资金和精力投入。易在，营销需要内容，而图书本身就有大量内容；而媒体对待图书营销的态度，并不是把它看作营销，而是传播文化。相对于其他行业，目前的图书营销还处于比较低的水平，一位营销编辑，只要掌握了正确的方法，够认真，够细致，够勤奋，够踏实，再加上一点点天分就能做得很好。但是——请恕我直言不讳，许多营销编辑，根本什么都没有。

我也感到双重遗憾。遗憾之一，这六封信发表在《营销周刊》上，而非《中国编客》上。邹昱琴同学比我更有发现的慧眼。遗憾之二，由于报纸篇幅所限，这六封信也只能浅尝辄止，无法写深写细。

好在，这双重遗憾后来都得到了弥补。2013年，我的《畅销书浅规则》和《畅销书营销浅规则》出版后，世界图书出版公司北京公司总编辑郭力女士与我商议，由我主编"新出版"

书系。可以是多人合集，也可以是个人专著。我脑海里跳出的第一人选，就是晓武。

编完《编辑是一门正在创新的艺术》之后，我就开始约晓武，让他把"致图书营销新手的六封信"扩展开来，写成一本书。晓武这时已经是接力出版社的副社长了，不再做具体的图书营销工作，却还是爽快地答应了。于是就有了这本《图书营销7堂课》。

不得不提到我的《畅销书营销浅规则》。那本书更多的是从媒体的角度、创意的角度来谈图书营销，而且谈的是广义的营销，即"按照受众需求生产产品并把产品销售给受众的过程"，谈宣传推广的篇幅不过三分之一。它的受众不只是营销编辑，还包括策划编辑、写作者等。《图书营销7堂课》的重点则是实操，是狭义的营销即宣传推广。如何理解图书营销，如何撰写和成功推销新闻稿，如何评判各类媒体渠道及其效果，如何运用签售、促销、影视联动、阅读推荐、图书打榜等各种营销手段及考量其效果，如何应对新产品板块，如何应对移动互联网时代，晓武都根据自己多年从事营销工作的经验，给出了答案。它在细节、深度和实操性等方面，远远超过《畅销书营销浅规则》。

但晓武对图书营销的理解，并不限于宣传推广。他认为，"营销是囊括了产品、销售、宣传、推广和售后服务的系统工程，宣传是单指通过媒体来向潜在用户传达产品内容信息的方式，推广则是指通过活动来刺激读者购买行为的方式。"本书重点虽然是宣传和推广，但他也强调，"营销人员往往需要发挥出黏合剂的作用，以自己负责宣传推广的产品为核心，对产品设计部门、制作部门、销售部门进行统筹协调。"心有全局，关注细节，是我非常欣赏的工作态度。

向所有出版从业人员推荐这本书。一个新入行的营销编辑，照着此书去做，必能迅速进入角色；已经有一定经验的营销编辑，以此书对照自己的日常工作，也能修补瑕疵，提升自己；策划编辑了解些营销的常识，会对自己的选题规划更有帮助——事实上，如何做营销，应该是图书策划的重要组成部分。

更重要的是，这本书提供了一种工作态度：勤于思考、不断总结、认真细致、精益求精、关注全局。有了这种态度，做什么，都是可以做好的。

2014年8月1日

# 目　录

I

# 第 1 课
# 如何理解图书营销

亲爱的朋友，当你开始打算认真阅读这本书的时候，恭喜你，你一定已经成为出版业图书营销队伍中的一员了！无论你之前曾有过怎样的专业学习经验或从业经验，无论你曾经做过记者还是编辑，或在其他行业担任过市场部经理、公关部经理，从你踏入出版业的这一刻起，都意味着你将重新开始一种新的修炼。你之前的专业学识和工作经验积累将在新的工作岗位上给予你或多或少的帮助，但你所面对的出版业将让你不得不放下曾经的游刃有余，而去适应新的工作环境——图书产品的特殊性和出版业的特别性。很多你曾经得心应手的营销推广方式在这里受到掣肘，你在校期间所学会的种种营销模式和推广设想可能毫无用武之地。当然也可能因为你从异业引入的某项营销手段而让你所推广的图书销量陡增，你的四两拨千斤的营销推广的成功将为你带来新的成就感和同仁对你的刮目相看。

图书出版业是一个特殊的行业，不仅是因为图书同时具备商品属性和文化属性，还因为我国的出版业体制改革和市场化进程的长期滞后，使得在图书出版业的营销过程中，面临着经销商经营管理标准化程度不一致、营销理念不同、配合度不高，以及图书营销渠道和营销经费有限等问题。这些因素的掣肘会使得在其他行业行之有效的营销手段在图书营销时无法发挥出其应有的功效。与此同时，营销人员还面临着在夹缝中求业绩的窘境——图书畅销是编辑选题抓得好、发行发得好，图书滞销则是营销人员推广不力……

当你明了了这些将要面临的困难后，还坚持要做图书营销人员，那么我们就继续聊下去。首先，我们从如何正确理解图书营销、宣传和推广入手。

## 营销、宣传与推广的区别

很多人在谈图书营销时往往把营销、宣传和推广画等号，貌似这三个是同义词，其实不然。

对于营销，学界有着各种极其精准而复杂的定义，如现代营销学之父菲利普·科特勒认为对营销最好的定义是"营销是个人和集体通过创造、提供出售，并同别人交换产品和价值，以获得所需之物的一种社会和管理过程"①。

美国市场营销协会定义营销为"是计划和执行管理商品、服务和创意的观念、定价、促销和分销，以创造能符合个人和组织目标的交换的一种过程"等等。

从简便实用的角度来理解，营销其实就是一个包括了用户需求分析、产品定位、销售策略、宣传、推广、售后服务等在内的一系列以产品销售为核心目标，涵盖整个业务经营环节的系统工作，所以它决定了我们的营销工作不可能是单靠个人或一个营销部门就能做得好的，是必须要同产品策划、制作、生产、销售部门等密切合作才能完成的一项全局性的系统工程，任何一个部门的工作稍有差池都可能导致整个项目的营销失败。

而宣传则是指使对象以免费或付费的方式为他人所知道。每当你看到有人在电视或广播节目上、报纸或杂志上接受采访，或是在报刊、电视广播、户外灯箱投放产品的广告，那就是宣传。

推广则是以激发直接而主动的读者反应为目标的活动或机会。从卖场展示、促销活动到演讲签售，有无数种类的推广，

---

① 见《营销管理——分析、计划、执行和控制》第9页，〔美〕菲利普·科特勒著，梅汝和、梅清豪、张桁译，上海人民出版社，2002年1月第9次印刷。

但对于我们而言，我们将主要关注与宣传结合在一起的、特定的推广形式。尤其当一本书正在宣传阶段，又偏偏被媒体认为不具有新闻报道价值时，推广则承担起更重要的责任。

所以简单地归纳一下：营销是囊括了产品、销售、宣传、推广和售后服务的系统工程，宣传是单指通过媒体来向潜在用户传达产品内容信息的方式，推广则是指通过活动来刺激读者购买行为的方式。

然而我们在日常的工作中，往往由于窄化了营销的定义，尤其是在成立了专门的市场营销部后，很多人把营销工作简单地理解为是市场营销人员的工作，自己不是该部门的人员则不在其位不谋其政，从而导致整个企业的营销链条咬合不紧密，阻碍了营销效果的发挥。

事实上，在设有专门市场营销部的企业里，市场营销部的人员虽然名为营销人员，所从事的是营销工作中宣传和推广方面的具体工作，但是为了让宣传和推广工作能够顺利开展并最终实现对销售的促进，营销人员往往需要发挥出黏合剂的作用，以自己负责宣传推广的产品为核心，对产品设计部门、制作部门、销售部门进行统筹协调。

为了和目前惯用的称呼保持统一，我们下文将继续沿用"营销"一词，但本书所说的营销实为狭义的营销，讨论的问题集中为宣传和推广。

## 图书营销人员的工作

明白了这一点后，我们再来具体探讨出版机构里特定的市场营销部的图书营销人员的工作和职责。

图书营销人员在不同的出版社有不同的称谓，有的称为公关部经理，有的称为媒介主管，有的称为市场专员等等，但其实质都是对出版社品牌和图书品牌进行包装、宣传。每天工作面对的社会关系包括各类媒体的广告部、市场部、媒体编辑、记者、阅读推广人、专家、作家等。每天要做的事情，就是通过广告的投放、项目的合作、企业和图书宣传通稿的刊发、作者的媒体通告和专访的安排、向阅读推广人和专家寄送图书、邀约并刊发评论，以及推动线上线下营销活动的落实来实现企业知名度的提升和图书信息的传递，其目的在于通过营销推广工作，来实现出版社品牌在受众印象中的强化和图书社会影响的扩大、销量的提升。

但是有别于一些人对营销效果的错误期待，营销工作并不是通过一篇或几篇在重要媒体上的新闻报道，或举办几场影响广泛的推广活动，就能让经销商立刻添货，就能让图书在销售榜上的名次大幅提升。单独的几篇正面报道只能让少数读者掏出钱包。一般来说，只有等到大量的报道引起广泛社会话题或带来需求的极大增加时，图书销售才会有明显提高。这需要时间，不是几篇报道或几场活动就能实现的。

## 营销—销售转化的七个步骤 [1]

首先排除掉读者通过在书店闲逛而确定选购图书的情况，我们要了解一下从理论上将图书营销转化为销售量的七个步骤分别是什么：

第一步 认识：读者读到一篇报道从而知道了图书的存在。

第二步 兴趣：读者读到了另一篇相关的报道，并由此产生了进一步了解的兴趣。或者，读者从另一个读过这篇报道或看过本书的人那里知道了这件事，他开始越来越感兴趣，现在他想更深入地了解这本书。

第三步 行动：这样再来一篇报道就有可能促使读者去向朋友打听这本书，或者是在互联网上查询图书的有关信息，也可能会让另一个报刊的记者对此产生兴趣。

第四步 理解：接着读者通过阅读另一篇报道或是研究了互联网上的相关信息，开始逐渐明白这本书可能符合他的阅读兴趣或对他的生活、工作有帮助。

---

① 本部分参考了《怎样和媒体打交道》（〔美〕斯图尔特著，中信出版社2005年8月出版）的第17章《如何把公司推销给媒体》。

　　第五步　拥护：随着图书在社会上的影响力日益扩大，读者又读到了其他的报道，于是开始和同事、朋友、家人讨论他想购买此书的念头。

　　第六步　购买：有了以上的基础，接下来的报道就会促使读者去购买这本书。在这个阶段，读者对这本书抱有很高的期望，他希望真实的图书能够与那些报道宣传相符。

　　第七步　评判：读者读了这本书之后，就会评价它是否与报道所说的一致。如果不是，一切就会颠倒过来，读者会告诉他的朋友和其他读者，购买本书是一个错误，恶性的口碑开始在人际和网络间传播，从而打消了一些产生购买意愿读者的念头，影响图书的持续销售。

　　这七步显示的是如何通过营销来一步步激发读者的阅读购买行为。这里我们只是以新闻报道为例来强调营销人员如何运用媒体渠道达到推销图书的目的，事实上在整个营销推广工作中，需要营销人员不断地通过组织各种营销活动来促成口碑的传播，为新闻报道的刊发提供由头，从而实现图书信息的多频次刊发和传递。

　　由于图书可用的营销经费有限，无法通过广泛和频繁的广告刊发来传递图书信息，所以以营销活动制造新闻事件和话题，让媒体多频次多角度地报道，就是有力的扩大图书信息覆盖人群、强化图书受众印象的巧妙手段。同时一些图书营销活动的举办，也是试图让一批读者尽快了解并阅读到图书内容，通过口碑传播缩短从宣传推广转化为销售的步骤，要知道熟人的推荐往往对读者的购书影响很大，有时候在第二步时，来自朋友的推荐就会让读者直接跳到第六步产生购买行为。

因此，作为图书营销人员必须坚持全程策划、全程推广，在选题策划、组稿、翻译或写作过程中，在图书上市前、上市时和上市后，不断选择不同话题、素材和角度对图书或作者进行多轮次宣传报道、推广活动和评论，来实现上述购买兴趣的培养、购买行为的促成，并极力维持对图书有利的评论。

## 多种类型的全程营销

### 1.媒体话题式

"暮光之城"系列中文版自2008年8月由接力出版社引进中国后，截至2013年底共销售360多万册，连续22个月荣登开卷畅销书排行榜。接力出版社在2007年9月得到该书中文简体字版授权后就不断寻找新闻点、制造话题，开展了十余轮媒体报道，刊发新闻稿多达400多篇，网站搜索词条达到200多万条。以持续的媒体曝光度确保了该套图书的持续热销：

2007年8月，"暮光之城"系列销量超过哈利波特；

2007年9月，"暮光之城"系列花落接力出版社；

2008年初，《暮光之城》领跑美国亚马逊青少年图书畅销榜；

史蒂芬妮·梅尔入选2007年度《时代》百大人物；

2008年6月，《暮光之城》改编电影盛大开机；

2008年10月，《暮色》上映，《新月》抢先电影上市；

2009年1月，美国当选总统奥巴马父女追捧《暮光之城》；

2009年11月，《暮光之城》月底上映，京沪等地购书送电影抵扣券；

《暮光之城》岁末热映，接力版《暮色电影完全指南》同期上市；

2010年3月，"暮光之城"发行量突破240万册，"暮光之城"网络征文启动；

2010年7月，"暮光"系列再添新书，第一人称由人转为吸血鬼；

2011年1月，"暮光之城"国际粉丝北美见面会中国区选拔秀启动；

2011年2月，"暮光之城"决出超级"暮粉"，高秋秋将赴美与作者见面交流；

2011年4月，《暮光之城官方指南》横空出世；

……

## 2.版本延伸式

著名主持人白岩松著的《幸福了吗？》2010年9月由长江文艺出版社出版以来，发行量过百万册，上市伊始便登上开卷非虚构类畅销书榜首位置，并5次蝉联榜首，连续14个月在榜。长江文艺出版社除在媒体、活动上持续营销外，共推出普通版、贺岁版、口袋版、大盒子套装、小盒子套装五个版本，多版本的变化不断吸引读者的眼球，给读者不断的新鲜感，同时满足了不同收入、不同阅读需求的读者。渠道方面，一有新版本出现，渠道也会重点码放，促使《幸福了吗？》经常能呈现在读者面前：

2010年9月，《幸福了吗？》上市；

2010年12月1日，《幸福了吗？》贺岁版上市，增加的腰封上印着两个"幸福"的大红灯笼，带来浓浓年味，与过年的氛围"不谋而合"；

2010年12月18日，改装版《痛并快乐着》上市；

2010年3月，《幸福了吗？》口袋版上市，大本和小本相互拉动；

2011年3月，给当当网定制《二十年·滋味》大礼盒套装（内含：《幸福了吗？》+《痛并快乐着》+《关于幸福的问与答》DVD）；

2011年5月，礼盒版网络的热销促使了实体书店对礼盒版的需求，长江文艺出版社推出《青春·后青春》小礼盒套装（内含《幸福了吗？》口袋版+《痛并快乐着》口袋版+《关于幸福的问与答》DVD）。

### 3.跨界混搭式

2011年4月由磨铁图书推出的台湾著名漫画家朱德庸的《大家都有病》第一年开卷监控销量达80288册。除了磨铁提出的"朱德庸形象再造工程"中对朱德庸目标用户人群调整为青少年这一核心成功要素外，全程的跨界混搭营销也是一大亮点：

2011年4月，向全国三十多家大型卖场寄送大幅预售海报、KT板、电子屏预告片；

2011年5月，在北京环线公交车张贴车身广告，并使用封面及内文插图制作三万枚备受读者喜爱的主题公交卡套随书赠送；

制作1分钟视频广告，密集投放至北广传媒、机场巴士等视频输出端；

研发了专属于《大家都有病》的微博互动应用游戏《算命先生》在微博上线并获得数十万转播效应；

2011年6月21日，举办"《大家都有病》高端对话——朱德庸新书北京首发式暨同名舞台剧朗诵会"，邀请到作者朱德庸、作家余华、话剧导演田沁鑫、凡客诚品董事长

陈年一起畅聊"时代之病";

2011年6月29日,举办朱德庸和洪晃的主题对谈:"时尚的圈套——在这个大家都有病的时代";

2011年11月,推出同名大型舞台音乐剧《大家都有病》(导演田沁鑫,制作人李东,出品方国家话剧院)。

★更多详情及营销案例分析见《从一万到百万 超级畅销书的秘密》,北京开卷信息技术有限公司编著,安徽人民出版社,2012年7月。

图书营销是由一篇篇报道和一场场活动构成的,但报道和活动并非如西医治病中的抗生素,能够有针对性地立刻起效。图书的推广活动更像是中医治病,不同角度的新闻报道、人物专访、连载选载、演讲、签售等,都是中药方剂中的不同药材,有君臣主辅之分。营销人员就是通过对不同手段的综合使用来最终实现整体的把控,在量变积累到一定程度的时候让图书能够在适当的时机在销量上有所爆发。

通过某个单一的推广手段或事件营销让图书销量突然陡增的案例确实有,但是并不该以偏概全地就此以为是某种推广营销手段立竿见影,而应该理性地看待为这是之前的长期推广积累在量变积累到特定时期而最终发生的质的飞跃,而且有时对这些案例也要甩掉一些水分，排除一些出版社从宣传角度而进行的对某种宣传手段发生效果的夸大之词。

## 创造畅销书的机会和举措

我们必须明确的是，一本或一套图书的畅销最根本的原因往往是图书的主题或内容契合了当下的社会热点，满足了普遍读者明显的或是潜在的阅读需求，而非出版社以一己之力制造出社会热点从而带动图书热销。图书宣传推广者不该夜郎自大地以为以自己的畅销书运作机制、媒体渠道和发行渠道使得自己有能力制造社会热点从而将图书推上畅销书榜单。

所以决定图书畅销的因素往往不在图书出版之后的营销，而在于选题策划之初的前瞻性判断。除文本质量过硬之外，作者本身的市场号召力，根据图书改编的影视剧的拍摄、该类型作品读者阅读风潮的逐渐形成、作者有望获得某项重要文学奖项等因素，都是图书的畅销基因。如果上述畅销基因转为显性的，如电影票房大热，随之而来的是电视、广播、报纸、杂志的广泛报道，形成了社会话题，这时再将图书和电影相联系展开紧锣密鼓的宣传，则有望让图书畅销。相反，如果上述基因最终没能以理想状态呈现，如根据小说改编的电影票房不好，或图书的出版超前于此类型图书读者阅读风潮的成熟，亦或没有取得诸如诺贝尔文学奖、茅盾文学奖等等，则畅销基因仍旧不能助力图书销售。所以图书推广人员要树立起顺势而为的概念，势（趋势）比式（推广形式）更重要。

在认识到这一点后，我们要做的就是对那些具有显性或隐性畅销基因的图书进行全程策划、全程营销，毕竟并非有了"势"图书就自然能畅销，电影大热或阅读需求虽形成，但图书不为读者所知而在书店坐"冷板凳"的情况并不少见。

图书营销人员就是要以创意为武器，用系统全面的营销实施方案为作战图，用有限的经费，通过撰写刊发不同角度的稿件和举办不同类型的推广活动，来让图书信息不断地以不同形式传达给经销商、读者，从而在大势到来的时候前期的量变积累能够迅速爆发。

"成事在天，谋事在人"，书能否畅销多少有运气的成分，但是唯有积极谋划，才有可能在图书畅销的机会到来之时，让你推广的图书销量一飞冲天。而进行准备和谋划，你除了需要开动脑筋对图书的宣传推广进行积极的创意策划外，还需要建立一些很稳固的宣传推广渠道和掌握宣传推广的技巧等。后面的章节中我将与你分享如何去正确地进行新闻通稿的撰写，来实现图书信息的顺利传递。

**图书营销计划书模板**

编号：＿＿＿＿＿＿＿

## ＿＿＿＿＿＿＿项目推广计划书

书　　名：

出版日期：

编　　著：

定　　价：

图书分类：

陈列建议：

装　　帧：

首印册数：

责任设计：

责任出版：

项目级别：

上市时间：

责任编辑：

营销编辑：

**市场营销预算**（宣传材料制作费、媒体费用、专家费用、活动差旅费、其他）：

**内容简介及卖点：**

**市场目标：**

1.主要读者对象：

2.购买者购书目的：

3.读者规模：

4.读者范围：

**销售优势**（本书与市场同类图书相比自身的优势特色）：

1.

2.

3.

4.

**发行渠道**（请按照针对本书进行销售的重要程度对渠道进行排列）：

1.

2.

3.

4.

**市场营销计划的目标**（你想要在社会效益和经济效益上达到怎么样的结果：获奖？完成首印数销售？使加印后总销量达到___万册？为后续系列图书打好开局？等等）：

**市场营销计划的实施**（请从以下四方面进行概括性阐述）：

1.基本战略（采用事件营销？还是大投入大回响的宣传方式？抑或是采用作家进校园演讲的地毯式活动？还是通过和企业、社团进行合作实现双赢共生？）：

2.公共关系（需要哪些部门或机构进行合作或疏通来共同实现某些推广活动，如学校、企业、基金会或媒体）：

3.重点媒体：

（1）平面：

（2）广播电视：

（3）网络：

（4）其他媒体

4.重点推广区域：

**此书营销战略的主题是什么？**（此主题将出现在广告、宣传品、横幅等上面）

**时间表：**

**1.预热阶段：**

（1）基础推广：

①关键词/话题：

②推广活动：

③主要议题：

④起止时间：

⑤所选择的媒体：

⑥卖场展示特殊要求：

（2）特色推广：

①推广活动：

②起止时间：

③所选择的媒体：

（3）预期效果：

①销售量达到：

②媒体报道方式及数量：

③网络引擎搜索量提升：

④获奖：

2.告知阶段：

（1）基础推广：

①关键词/话题：

②推广活动：

③主要议题：

④起止时间：

⑤所选择的媒体：

⑥卖场展示特殊要求：

（2）特色推广：

①推广活动：

②起止时间：

③所选择的媒体：


（3）预期效果：

①销售量达到：

②媒体报道方式及数量：

③网络引擎搜索量提升：

④获奖：


## 3.评论阶段：

（1）基础推广：

①关键词/话题：

②推广活动：

③主要议题：

④起止时间：

⑤所选择的媒体：

⑥卖场展示特殊要求：


（2）特色推广：

①推广活动：

②起止时间：

③所选择的媒体：

（3）预期效果：

①销售量达到：

②媒体报道方式及数量：

③网络引擎搜索量提升：

④获奖：

## 4.后续阶段：

（1）基础推广：

①关键词/话题：

②推广活动：

③主要议题：

④起止时间：

⑤所选择的媒体：

⑥卖场展示特殊要求：

（2）特色推广：

①推广活动：

②起止时间：

③所选择的媒体：

（3）预期效果：

①销售量达到：

②媒体报道方式及数量：

③网络引擎搜索量提升：

④获奖：＿＿＿＿年＿＿＿月申报＿＿＿＿＿＿＿＿奖


方案起草人：

方案审批人：


## 本课小结：

图书出版业的特殊性，使得图书营销人员必须放低身段从头学起，了解、适应、熟悉、精通图书行业的基本特性，而后开展图书营销工作。

营销是涉及产品、销售、宣传、推广和售后服务的系统工程，图书营销人员所具体从事的是狭义上的营销，即对产品设计部门、制作部门、销售部门进行协调沟通，通过开展媒体推广、活动推广和公共关系维护，来多渠道、多频次地持续向目标受众传达图书产品信息，并最终促成购买行为的发生。

从营销到实现销售共有七个步骤，分别是认识、兴趣、行动、理解、拥护、购买、评判。图书营销人员要明了这七个基本步骤并通过营销来一步步激发读者的阅读购买行为。

图书营销并非精确的指导武器，营销人员得通过对不同手段的综合使用，在量变积累到一定程度的时候，让那些具有隐性畅销因素的图书在适当的时机销量爆发式增长。

为此，图书营销人员就要以创意为武器，以系统全面的营销实施方案为作战图，用有限的经费，通过全程策划、全程推广，培养购买兴趣，促成购买行为并极力维持对图书有利的评论。

# 第 2 课
## 如何撰写新闻通稿

在正确认识了什么是图书营销工作后，我想对你来说第一要务是如何通过撰写优秀的新闻通稿来提高稿件被媒体采用的几率，从而实现图书信息的有效传递。这不仅仅涉及稿件所采写的图书或事件本身的新闻价值，你的写作态度、写作技巧，以及你对不同媒体的认识了解、媒体记者的选择、寄送通稿时间的选择等都非常重要。

## 能提高稿件刊发率的新闻点

如果你想要你的关于企业或图书的新闻报道能够引起记者的兴趣，从而进一步通过他的报道而让更多读者感兴趣，那么首先你就应该明白你所提供的信息内容是否具有新闻价值。如果你的事件符合下列的一种情况，那么即使不能保证你的新闻通稿能够得到媒体的头版报道机会，也有助于被刊发并产生较大的社会反响，因为它们都是记者感兴趣的新闻题材。

· 涉及巨款的事件

事件涉及的金钱数额越大，新闻价值就越大。出版集团的组建、巨额版税的支付、巨额债务的拖欠、图书畅销带来的高码洋等，都会引起新闻记者的兴趣，原因只有一个：钱。

## 作家出版社支付贾平凹等作家百万数字版税

《北京日报》2012年9月14日

2011年年底，作家出版社按照协议，将2010年从中国移动手机阅读基地获得的数字经营收入100多万元，一次性支付给授权作家，一时引发多方关注。记者昨天从作家出版社获悉，尹建莉、贾平凹、杨红樱等一批作家近日再次从作家出版社收到了2011年的数字出版版税近百万元。

此次共有数十位将作品授权给作家出版社进行数字化运营的作家获得了丰厚收益，其中，卫道存、谢林鹤、艾伟、刘小川、武和平、程青等一批作家授权作品的数字版权年度收益已经接近或超过其纸质作品带来的收益。作家出版社也再次成为第一家规模性持续向作者支付数字出版版税分成的传统出版机构。

近年来，尽管数字出版持续升温，但是对于作家来说，数字出版一直是"水中月，镜中花"。作家出版社副总编辑、中作华文数字传媒公司总经理刘方表示，会遵循作家出版社几十年来诚信经营的原则，按照和签约作家的合同约定，坚持把该给作家的数字版税如实付给作家。他也呼吁数字出版同行着眼未来，共同培育市场。（记者 路艳霞）

· 选题追捧热点

选题追捧热点从表面上看是出版社资源向某类型选题倾斜的表现，从深层次来说反映的则是市场阅读热点的变化，是新近兴起的某种社会文化的反映，随之而来的是社会的热点话题。

## "穿越小说"成出版社新宠
## 四大"穿越"获百万版税

《北京日报》2007年7月13日

玄幻小说、轻松历史读物、盗墓小说，这些网络热门写作类型，不但贡献了《诛仙》《明朝那些事儿》《鬼吹灯》等近些年销量较为罕见的原创出版物，更带动了类型小说的出版热潮。三者之后，下一个热门是什么？就在各大网站纷纷推出"穿越小说专题"的时候，昨天（12日），作家出版社宣布，该社以12%的版税，各10万册的首印量签下《木槿花西月锦绣》《鸾》《迷途》《末世朱颜》，它们是被百万网民评选出的"四大穿越奇书"。

### 穿越小说是言情小说变种

何谓"穿越小说"？作家社总编室主任刘方解释为："穿越小说的称谓不是按类别划分，而是按内容定义。其情节通常是描述一个当代青年遭逢变故，机缘巧合下，进入古代，以在场的方式参与见证了种种众所周知又知之不详的历史事件。"当代中国文学里面，黄易的《寻秦记》算影响最大的穿越文学作品，也可以被视为当代华语文学穿越类型的滥觞之作。

目前市场上已出版不少穿越小说，大都能畅销一时，比较著名的有波波的《绾青丝》、金子的《梦回大清》、桐华的《步步惊心》、晓月听风的《清宫、晴空、净空》等。这类小说主要受到女学生和女白领的追捧，可以视为言情小说的一个变种。

### 穿越小说大多是"清穿"

因为清宫电视剧等媒介的影响，清朝可以说是当代青年最为熟悉的一个中国朝代，而漫长的清朝历史留下的种种传奇和谜团也为写作者留下了足以发挥想象力的空间。因此，穿越小说有大量的作品将历史现场放在清朝，甚至促成了一个专门的名词"清穿"，《鸾》《迷途》和《末世朱颜》都是穿越到清朝的。其中《鸾》讲的是主人公与少年康熙谈了一场轰轰烈烈的恋爱；《末世朱颜》的女主人公更是化身慈禧，权倾天下。

在所有清穿小说中，穿越到康熙末年、九王夺嫡时代的最多。与康熙帝的九个皇子之间的故事，完全满足了年轻女子的宫廷爱恋之梦。

### 纸质出版争抢"穿越"市场

据估算，此次签约按平均每本书定价25元计算，作家社将总共支付至少100万元稿酬。许多人认定这完全是在炒作。

但也有业内人士分析，这可能是因为不少人对穿越文学及其声势并不了解。"穿越"是继玄幻、历史、盗墓等三波网上阅读热潮后的最新网络阅读势力。而且这股风潮来势更凶，不仅网罗的作品数不胜数，而且各大原创网站头牌小说都是"穿越"。

腾讯网读书频道主编沈笑说，有不少于10家出版社或书商曾找到他，希望能和穿越作者取得联系，签下出版合同。沈笑说："在这种竞争下，作家社签出这样的价码，也属正常。这也从另一方面说明，类型化渐渐明显的网络文学和传统出版行业的步调越来越合拍，大家在目标和判断上日趋一致。"

## 记者点评

历史＋言情＋虚幻＝穿越小说。有人说读了这些书备感幸福；有人说千篇一律的写法让人烦；有人说现在的女孩梦想回到古代左拥右抱，征服各种帅气又有地位的精英男士实在太可悲。

穿越小说到底穿越了什么？几乎所有的女主人公都"穿越"到荣华富贵的古代宫廷生活中，这里没有贫穷，没有饥饿，没有恼人的柴米油盐，只有风华绝代，只有卿卿我我，只有你死我活的宫廷之争。难道这仅仅是在如今全民"品历史"的时代，女孩把玩历史的小把戏？

想来这些在现实面前却步或心生倦意的女孩，还真的有几分让人心疼。她们其实和那些在游戏空间里一路厮杀、过关斩将的玩家，还有那些神气活现的COSPLAY迷们没什么两样，在现实里迷失自我，却想在虚幻世界里找回自己。但"穿越"现实却始终躲不开现实，也许正因为这样，穿越小说最终该是以悲剧收场。（记者 路艳霞 李宏伟）

## ·一般趋势

有三个重复或是类似的事件，就会被认为是一种趋势。如果在同一时期有三本同一类型题材的图书畅销，那么你将会看到一篇报道论述某种阅读风潮开始流行。如果在同一时期有三个特定年龄阶段的作者人气飙升，如"80后"或"90后"，那么关于这一年龄阶段的作者开始崭露头角的报道就会开始被捕捉。将缺乏知名度的作者纳入一般趋势性报道，就大大增加了被报道的几率。

### "80后"老了 "90后"作家异军突起

*《成都日报》2008年2月17日*

由成都时代出版社推出的"90后"作家作品《大明远征军》在成都购书中心举行了签售会。这部30万字的历史小说由年仅17岁的成都高三学生杨大庆写就，让读者大为好奇："还是个娃娃，就能写历史小说，不简单哦！"说起来吓人一跳，其实，杨大庆构思、写作这本书时的年龄更小——这本书是他11岁开始构思，13岁时用20天时间写成的！

在成都、在全国，"90后"出书，杨大庆并不是个案。2005年便加入省作协的16岁小作家唐朝现在已经推出了他的第二本小说。近日，某网站公布的中国十大"90后"少年作家，更让人们看到一股文坛新势力崛起。与此同时，争议也随之而来：作家的低龄化到底是好事还是坏事？

## 30万字历史小说20天完成

据了解，杨大庆13岁时就写出了《大明远征军之烈血春秋》，该书在网络上连载后，引起出版界的关注，得以出版。父亲杨云告诉记者，初二时，才13岁的杨大庆告诉他和妻子，说要写书，这遭到他们的一致反对。"我不相信娃娃能写啥子书，为了让他断掉写书的念头，我瞒着妻子跟他约定20天的时限，要是写不出来娃娃自己就不闹了。"结果完全出乎他的估计，杨大庆30万字的书稿硬是在20天时间里完成了。

杨大庆说，虽然是20天写完小说，但在写书之前，他用了2年时间构思故事大纲，期间还收集了大量历史资料。成都时代出版社负责人评价道，《大明远征军之烈血春秋》情节扣人心弦，可读性很强。

## 出版社商家力推"90后"

近两年，"90后"作家在中国文坛崭露头角已是不争的事实。成都除了杨大庆外，还有不少"90后"作家，其中以2005年加入省作协的现年16岁的唐朝为代表。唐朝的最新青春校园小说《把梦还给我》由著名出版人沈浩波操刀出版。沈浩波认为："唐朝的写作功力完全超过他的年龄，文学性很强，一个十多岁的孩子写出这样一个长篇，一点破绽也没有！另外他很幽默，让我想起了韩寒，但他和韩寒又不一样，韩寒是一种犀利的幽默，他的更多是自嘲、无奈，同时和古典文学结合得很好。"沈浩波是出版界的"明星推手"，曾经包装推出当年明月的《明朝那些事儿》、萧鼎的《诛仙》，现在他认为唐朝将成为"90后"作家正式亮相的标志人物。

## "90后"比"80后"幸运

为何"90后"作家能在近两年迅速崛起？业内专家解释，如今"90后"写作和生存环境均比以往宽松，在网络上开博客、写连载小说，他们的作品更容易为人所知，也更易得到大众关注。此外，当年"80后"作家崭露头角时遇到的不屑、轻视、误解，已随着时间流逝和"80后"作家的成功而改变。所以业界和市场对紧跟而来的"90后"作家给予了极大的支持和推动。值得一提的是，"90后"作家更是轻松地获得各地作协的关注和认可。当"80后"正为进不进作协争论时，"90后"的少年作家们不少已经迈入作协行列。除了成都的唐朝外，西安一13岁的小女孩也顺利进入了当地作协。如此高的起点，为"90后"异军突起创造了条件。

### "90后"作品市场走高

"可不要小看这些'90后'的小作家，现在他们正逐渐与'80后'抢占读者份额，如果韩寒、郭敬明等人不能成功转型，作品依然还打青春文学牌，他们将会逐步被读者遗忘。"业内专家预言，中国新一轮青春畅销书的领军人物将从"90后"作家中诞生。该专家表示："90后"作家的作品已经开始在市场上露出端倪。在中国凭借一本书获得百万元稿费的人屈指可数，但是"90后"作家阳阳的长篇小说《时光魔琴》便获得了120万元的稿费。唐朝的新书《把梦还给我》的首印量达到5万册，版税也达到了畅销书作家的标准——10%。《大明远征军之烈血春秋》刚推出便被四川文轩书店订购了10000本。"90后"作家作品的市场前景一片大好。　　　　(记者 王嘉 朱大勇)

· 科学技术的重大突破或普及

激光照排技术代替铅字印刷、电子阅读器的研制和普及、印刷中再生纸的使用和环保油墨的使用，都是具有新闻报道价值的亮点。

· 一年一度的事件

如每年的北京图书订货会、全国图书交易博览会、北京国际图书交易博览会、暑期阅读、开学教材教辅的供应等，都是记者会重点报道的事件。将你的图书宣传推广活动融入这些事件中，你将因为为记者提供了报道素材而大大提高被报道的几率。

### ·年度报告

每年出版行业媒体都要进行出版业的年度盘点，他们需要素材和案例，将你的出版社经营数据和营销案例作为素材提供给他们，是你难得的向合作伙伴展示自身实力的机会。

### ·弱者的成功

记者总是喜欢报道一些弱者取得成功的故事，即使他们还没取得成功，记者也喜欢倾听他们跌宕起伏的奋斗历程，而这样的励志故事往往也让读者意兴盎然。罗琳因"哈利波特"系列的出版从落魄穷困的单身母亲一夜暴富的故事，斯蒂芬妮·梅尔从家庭主妇到魔幻女王的故事，都是因这一元素而被广泛传播。

### ·书业名人

媒体对书业名人的最新动态总是乐于追踪报道的，因为读者想要了解更多自己喜欢甚至讨厌的作家的消息。书业名人的作品转型、与影视或网络游戏的联姻，甚至是书业名人的个人绯闻，都是媒体乐于追逐报道的亮点。

### ·丑闻或官司

任何与商业丑闻相关的信息，如某出版社拖欠众多作家巨额稿费，或某互联网企业侵犯作者著作权，或两家机构之间的口水仗，或者作者的图书抄袭丑闻，都会引起记者们的极大兴趣。如果你的出版社或作者和这种丑闻有任何关系，你都无法阻挡住记者对你的关注。在此类事件中，媒体公关处理得恰当与否将决定你的企业或作者、图书是会借机大大提高知名度，或是大大损害自身名誉。

· 最

凡是那些与"最"有关的事件，如时间上最早或最晚的，规模上最大或最小的，年龄上最老或最年轻的，都是记者们乐意追逐、争相报道的。以及刷新图书销售榜单记录或上榜持续时间记录的畅销书，最年轻的作协成员，或是最早上市的出版集团、历史最悠久的出版社改制等。

## 《独唱团》要做稿费最高文艺杂志 每字1到2元

《重庆晨报》2010年7月7日

韩寒之前曾表示，要把《独唱团》打造成国内稿费最高的文艺杂志。在创刊号中，《独唱团》也公布了稿费标准，其中原创文字类为1000到2000元/千字，也就是每个字在1到2元之间。照片影像类的稿酬为1000元起，最高到5000元每张。

此外，杂志还设立了"抄袭举报奖"，一旦发现抄袭，第一个举报抄袭的读者将获得500元/千字的奖励。

对于一本杂志来说，图片是不可或缺的。拿到手的《独唱团》，还是文字偏多，不过杂志还是收录了《南方日报》摄影记者严明的一组摄影作品，叫作《我的码头》，里面的照片大多都是在重庆拍摄的。这些照片中，主题有长江边洋人街上的小火车，有奉节码头上玩耍的小孩，还有巫山新县城、朝天门码头等等，画面都与长江三峡有关。

## ·虚伪

畅销书作家的作品被发现是抄袭，图书销售成绩被证明是出版商自己买榜，在图书宣传中使用不实数据，进行虚假宣传，或是某位著名作家、出版人被指出学历造假等，这些都很可能会成为媒体攻击的目标。

### 近年来出版圈虚伪事件簿

2012年1月 方舟子质疑韩寒代笔事件

http://book.hebei.com.cn/system/2012/02/03/011700398.
shtml

2006年3月 韩白之争

http://baike.baidu.com/link？url=4O6wvMYlOO crno_5sDttZs6Y4_DeCfiRWRdtS-z7ubCYUD0_YDWK wyFvwVYDHuHl

2004年12月 郭敬明《梦里花落知多少》抄袭事件始末

http://www.s1979.com/m/ent/yulebagua/2010/ 0422/29570.shtml

……

## · 图书被改编成影视剧或网络游戏

这几年在所有的图书新闻稿刊发中，图书的影视改编事件总是成为大大提高见报刊发率的催化剂，在网络游戏大行其道的现在，图书网络游戏的改编权授予也会是媒体乐于报道的新事物。

## · 成功秘诀

畅销书作者的写作秘诀，出版单位的畅销书运作秘诀等，都是媒体感兴趣的方面。

每个图书营销人员几乎每天都在做新书的发布，但这往往并不能引起媒体的报道兴趣，除非你的新闻通稿具有上述一个或几个新闻价值的亮点。

平时你可以多阅读一些报纸杂志或是看一些新闻节目，并记录下那些被大幅报道的重大事件，这样能锻炼你的新闻判断能力。

## 如何撰写新闻稿 ①

在了解了新闻稿的新闻性后，下面你就要开始着手撰写新闻通稿了。撰写新闻通稿要记住两个要点：第一，你不需要用作家那种一步一步烘托铺垫的写法；第二，不要自信到自己的新闻通稿能够让所有记者拿来就能直接刊发。

新闻稿的撰写需要明确直接，让读者从标题开始就能快速了解你所要传达的信息。所以首先要从大标题开始，这是一篇稿件中最重要的部分。大多数记者、编辑和制作人，除了标题以外，根本没有时间去看其他的部分。因此，要抓住他们的注意力，就必须用一个清楚的标题来表述你所要表述的主要事件。

接着就是稿子的副标题了，有时候这部分甚至比大标题更重要，因为在副标题部分你有了更大的发挥空间，能够对事件

---

①　本部分参考《怎样和媒体打交道》（〔美〕斯图尔特 著，中信出版社2005年8月出版）的第16章"怎样撰写新闻稿"。

的意义、价值等做深刻的阐述，帮助阅读者尽快了解你稿件的价值。

在你写完标题后，请按照下面的步骤一步步完成你的新闻稿：

**第一段**：叙述发生的新闻事件。

**第二段**：解释这个事件所造成的影响。

**第三段**：引用作家、专家、出版者的讲话或读者的评论。

**第四段**：出版业或出版社最近发生的与这个新闻有关的背景情况。

**第五段**：如果有必要，可以再引用另一个次要的观点。

**第六段**：有关事件的样板背景文件信息。

如有需要，可将更多相关资料作为附件附在新闻稿后。

新闻稿撰写中你要做到的只是确保信息传达的简洁、准确和完整，词汇使用得恰如其分，切忌采用创作性的写作，更不需要过多的赞誉，因为它也不是销售广告。你要努力达到的就是遵守以事实为基础的职业道德，直截了当地叙述所发生的事情。

当然，你可以说新闻的采访报道本身就是媒体记者的事情，自己没有义务替他完成工作，所以只需提供信息就完成了自己的本职工作。但是我要提醒你的是，你是出版社的图书营销人员，你的工作就是极力说服媒体记者并配合媒体记者对你所推广的图书或作者予以正面报道，从而为提升图书社会影响力和市场销量服务。所以如果你不能够掌握优秀的新闻稿撰写技巧，不能够给记者提供优秀的新闻稿件，记者在邮箱中收到众多图书宣传稿件时发觉使用你的稿件需要花太多力气进行稿件处理加工时，迫于截稿时间的压力，记者往往会选择那些便于处理加工的稿件予以刊发。当然，如果你的稿件是一个极具新闻价值的事件，那就另当别论了。

虽然我们需要为记者提供优质的、只需进行少量加工就能符合刊发要求的稿件。但我又要提醒大家，不要自信到自己的新闻通稿能够让所有记者拿来就能直接刊发。这是由于营销人员和媒体记者的立场不同，因而稿件撰写和采用角度也不同。

图书营销人员提供给媒体记者新闻通稿，其目的是让记者们全面了解图书或者作者信息，再由其从各自感兴趣的角度来进行剪裁和拼接，撰写报道刊发。所以通稿往往要力求信息全面而亮点突出，有时要在正文中使用多个小标题将各个段落的要点和亮点为记者进行显著标识，为其提供提取新闻点的参考和思路。而记者在拿到通稿进行处理时，为避免和其他媒体观点或视角重复，则要从你所提供的通稿中寻找能够符合本报刊定位和特点的、能够区别于其他媒体的新闻角度，重新进行剪裁撰写。如果记者们都直接使用你发来的通稿，则会让新闻看上去成了赤裸裸的通稿转发，并且丧失了各报自身的视角和个性。

所以作为一个图书营销人员，如果自己已经从稿件的新闻价值上进行了很好的把握，不必因为媒体没有用自己的通稿原文就认为自己的稿件写得不好或媒体的报道不够全面，更不必苛求自己的稿件写作水平一定要达到记者可以一字不改直接刊发的程度。身为图书营销人员的你，只要做好你该做的工作就好，记者会做好他该做的工作。

新闻通稿示例

斯蒂芬妮·梅尔与全球"暮粉"国际见面会细节曝光

## 《"暮光之城"系列官方指南》即将全球上市

　　随着在全美发行量第三的《今日美国》对"暮光之城"国际粉丝北美见面会的报道近日见诸报端，此次由阿歇特出版集团旗下的小布朗青少年出版社联合10个国家和地区举办的"暮粉"国际粉丝北美见面会的内容才终于揭开了神秘的面纱。3月25日—27日在加拿大温哥华威斯汀酒店举行的此次盛会上，各国"暮粉"代表除了与"暮光之城"系列作者斯蒂芬妮·梅尔亲密交流外，各自还得到了10本由梅尔亲笔签名的"暮光之城"系列图书。代表中国"暮粉"赴会的15岁江苏女高中生高秋秋是此次国际"暮粉"见面会中年龄最小的一位。会上，活动主办方同时还公布了《"暮光之城"系列官方指南》4月在全球发行的消息。

　　小布朗青少年出版社于2011年1月提出此次活动计划后，与中国、巴西、加拿大、法国、德国、意大利、墨西哥、英国和中国台湾的出版商倾情合作，最终从每个国家及地区各选出一名"暮光之城"超级粉丝，于3月25日来到"暮光之城"系列电影最后一部作品《破晓》的拍摄地加拿大的温哥华，与作者斯蒂芬妮·梅尔面对面交流。这些幸运的"暮粉"，年龄跨度从14岁到34岁不等，职业从学生、老师到芭蕾舞者、职场白领，跨度极大，但清一色都是女性，她们知道关于这个魔幻系列的任何细节，并怀揣着众多疑问和好奇与梅尔展开了热烈的讨论。梅尔回答了"暮粉"有关"暮光之城"几乎所有的问题，并赠予每位"暮粉"一本《"暮光之城"系列官方指南》的样书，并在"暮粉"带来的各国版本的"暮光之城"系列图书上签名留念。

　　由于主办方的要求，这为期两天的见面会，可以说是数月来最神秘的事情了。没有人知道这让人期待的见面会到底会在哪里举行，将会在哪里见到他们崇拜的梅尔。即使是来参会的"暮粉"们，也只有等到成为幸运的10位超级"暮粉"代表后，才被告知具体的地点。出发前每位"暮粉"还被要求签署保密协议，承诺在主办方允许前，不得向外界透漏此次活动的任何关键信息。在见面会开始后，不仅所有陪同人员不得进入会场，参会的各国"暮粉"还不得拍摄照片或以任何渠道发布此次活动的信息。因此各国未能参加活动的"暮粉"们望眼欲穿却得不到任何关于此次活动的消息与细节。拥有整个活动独家采访报道权的《今日美国》对活动的报道，使得整个活动终于揭开了神秘面纱，各国"暮粉"得以一窥究竟。

关于为什么要举办此次活动，该书作者斯蒂芬妮·梅尔说："第一本新书的巡回签售会让我最为遗憾的是没能和读者很好地交流。但如果只是十到二十个人的话，就可以对每个人有所了解，更有效地回答他们的问题。这次有机会和来自不同地方，有着不同背景的粉丝交流，我感到非常开心。"

而小布朗书店的副总裁梅根则表示说："每年国外出版合作商都会发来几百封邀请函，希望梅尔可以参加他们的有关活动，但一个作者同时参加不同地方的活动是不可能的，除非有分身术，所以我们想通过这种方式使一部分铁杆书迷有机会走进梅尔。"

谈及有幸能够代表中国"暮粉"赴会见到作家梅尔的感受时，高秋秋表示："能够和其他国家与地区的超级'暮粉'一起见到梅尔真的是一件相当令人兴奋的事情！作家梅尔比我想象中更加亲切和健谈，尤其当我拿到《"暮光之城"系列官方指南》的时候，想到我是世界上最早得到这部书的十个人之一时，感觉真是棒极了！"在谈到自己与其他国家和地区的"暮粉"的差别时，高秋秋坦言相较于那些搭乘飞机跟着"暮光之城"电影宣传剧组满世界跑、购买大量"暮光之城"衍生品的狂热"暮粉"，自己则显得更为理性和内敛，对"暮光之城"的喜爱仍局限于精神层面。但与其他国家和地区的"暮粉"相比，此次自己能够来这里更为艰难，因为其他国家超级"暮粉"选拔形式较为容易，多为网络征文、视频录制选拔或像美国干脆采取了抽奖的形式，中国的选拔则经历了为期40多天的网络投稿、12进5网络公示投票、5进1全国总决赛三轮激烈竞争，能够最终胜出走到这一步非常不易。

此次活动中还公布了将于4月全球上市的《"暮光之城"系列官方指南》的样书。该书提供一个崭新、独特的视角，让读者进一步探索斯蒂芬妮·梅尔在《暮色》《新月》《月食》《破晓》和《布里·坦纳第二次短暂生命》中创造的令人难忘、回味无穷的魔幻世界。书中包括人物简介，被删掉的初稿，和梅尔的一次对话，人物家族谱，地图，以及众多其他可参考的资料，等等。另外书中还插有一些画家创作的图片，其中一位是金姆先生，他曾给荣登《纽约时代》最佳畅销书榜的《暮光之城新视觉小说·暮色 I 》提供插图。

中国第一个拿到这本书的超级"暮粉"高秋秋认为本书内容翔实，印制精美，像一部"暮光之城"系列的百科全书，这本书的推出对"暮粉"来说简直称得上是一种福音。中文简体字版的《"暮光之城"系列官方指南》和《暮光之城新视觉小说·暮色 I 》都将由接力出版社于4月底推出。

斯蒂芬妮·梅尔，美国畅销书作家，其处女作"暮光之城"系列只花了五年时间，就在全球出版业取得巨大成功，近50个国家购买了"暮光之城"系列的翻译出版权，并在全球累计发行1.16亿册图书。

附件1：与梅尔作品有关的数字

附件2：超级粉丝，超级讨论

附件3：欢迎晚宴流程及内容

附件4：读者见面会交流内容

## 如何撰写作者传记

作者传记是宣传资料中一个非常重要的组成部分，但往往会被营销人员所忽略。虽然大部分情况下图书购买者在读书时更在乎图书内容而非作者生平，但在获取图书相关信息时往往是通过媒体报道，而媒体记者恰恰在乎作者生平甚于图书内容，因为对于以客观报道为立场的媒体记者来说，对图书内容——尤其是虚构类——他们可写的东西其实并不多，而真实、有趣的作者生平则提供给记者深度报道的多种可能性，这就要求图书营销人员要学会像艺人经纪人一样思考，通过"推人"来"推书"，用作者传记来争取更大的报道版面。

这就要求我们学会写作者传记。简单的作者简介只能让记者对作者有个概要性了解，无法找到更多更丰富的报道亮点，而一篇好的作者传记则能给记者提供一个丰富立体的作者形象，为记者进行人物采访提供更多有宝贵价值的资料。

作者传记的撰写方法有多种，一种为图书营销人员通过网络搜索，将和作者有关的资料进行汇总整理后，与作者进行证实或采访补充来实现。这种方式最考验图书营销人员的水平，要求图书营销人员要像记者一样去思考和撰文，优秀的作者传记甚至可以直接在媒体上刊发。

一种为图书营销人员在作者进行的涉及个人成长历程的演讲时进行内容速记和整理。这种方式最便捷，因为作者在演讲时已经是进行了内容条理性梳理的，里面对趣事和个人创作生涯关键点都已经进行了提炼，我们只要做书记员就好了。即使这样的作者传记不能达到直接发表的水准，但其已经足以向记者提供大量极其有用的作者信息，可以大大提升记者最终刊发的关于作者的稿件分量。

第三种为约请记者来做作者采访，这种方式虽然显得我们的图书营销人员能力欠缺，但其好处是一旦稿件完成即可确保发表，比我们自己撰写的作者传记刊发几率高得多。

那么我们在写作者传记时要包含哪些方面内容呢？我认为至少要写出以下一些方面的内容：家庭成长背景，如何走上创作之路，创作的灵感从哪里获得，有什么创作的秘诀，创作时有什么习惯，喜欢哪些作家和作品，对自己创作影响最大的人或事，如何评价自己与某个同类型作家的差异……当然，针对不同作家要寻找他不同的亮点。以上这些只是一般人都会感兴趣的一些问题，在完成好这些基础性问题之后再写一些具有更强当下性、社会话题性的问题，将大大提升稿件的新闻性和时代感。

针对上述的第二种现场速记作者演讲内容的方式，另有几点需要叮嘱。

图书营销人员可以请外面的专业速记来做此工作，也可以自己做此工作。外聘人员做此工作的好处在于省时省事，但往往因为记录的文字量特别大，导致事后我们自己会懒得做二次整理而把全文都直接发给记者，实际上湮没了一些重要信息的提取和标注。

而自己做此工作最大的好处是有助于自己在边听边记中更

深入地了解自己的作者，并且由于对记录要进行检查，在检查过程中自己就会把重点进行提取、标注和提炼，从而为记者提供了一个更加清晰明了的熟悉作者演讲内容的线索。

你可能会担心自己的速记水平有限而无法完整记录演讲的内容。我以亲身经历告诉你，只要你的作者不是以机关枪似的语速做演讲，一个熟练运用输入法的普通人完全有能力记录下来他的完整发言内容。

要进行现场速记，需要做好两方面的准备：一是设备准备，二是技能准备。

设备准备方面，需要营销人员配备笔记本电脑和熟练使用一种输入法。平板电脑虽然携带方便，但是在需要几近盲打的情况下，有按键的输入要比触摸屏的输入来得高效得多，准确率也更高。

自己熟悉的输入法则更为重要，输入法的熟悉程度决定了速记的流畅程度，所以为了减少输入法误切换带来的不便，建议在电脑里除了默认的英文输入法外，只安装一种自己熟练的输入法，使得一旦在速记过程中发生误切换也能快速切换回来。

技能准备方面，需要营销人员平时多做电脑速记的工作，可以把平时的公司会议作为练习的机会，通过现场速记会议发言者的谈话内容来逐渐提升自己的速记能力，从而在对作者的演讲进行速记时能够交出一份不错的速记稿。

在内容速记过程中如果出现了别字错字，不要停下来，先跟上作者的节奏把演讲内容全部记下来，等事后有充足时间时再进行纠正整理。对于没听清和漏记的内容部分，标红存疑，等到作家的下一场演讲时，一方面跟着他的演讲内容对已记录内容进行检查核实，另一方面重点对存疑的部分进行记录补充。一个作家短时间内的多场次演讲内容一般都是一样的，错过了这一场下一场还能补上，所以记录时一定不要因为一时的错漏而纠结导致慌了神，我们有多次机会来完善速记内容。

以下是我2010年6月陪同作家刘轩在中央民族大学进行演讲时，现场速记的其演讲内容的整理稿。刘轩是著名励志大师、畅销书作家刘墉的儿子，是美国哈佛大学心理学博士班毕业的国际知名的现代音乐创作者、艺术DJ、散文专栏作家及电视节目主持人。

刘轩常年在台湾发展，虽然人很有魅力，但是中国内地的公众和媒体对他并不了解。在图书启动阶段，要增强媒体对他的了解，仅靠介绍其是刘墉之子或罗列其在美国和台湾的成绩不足以给媒体留下深刻印象。故在2010年6月7日的大学演讲活动中，我现场速记下他涉及身世的演讲内容，整理后作为附件发给后续采访记者，使得之后的个人专访版面大增。

对比下面当年我对刘轩所做的演讲速记和《北京青年报》朱玲对他做的专访报道，你将发现当初这段速记对记者进行人物专访的采写所发挥的重要作用。

# 刘轩在中国民族大学演讲实录

## 在违章建筑里长大

我出生在台北，那时台北刚从日本殖民者手中回到祖国怀抱没几十年，当时的城市规划者依照中国每一个城市的名字来标明每个街道，所以你会在台北看到西藏路、兰州路等。我成长的地方是长安东路，那里有很多小巷子，还有条铁道经过，铁道边上的一些空地上建了一些违章建筑，我就住在那里。

我最早的记忆就是躺在床上感受火车经过，听着火车的轰鸣声，看着灰尘在阳光中飘舞。奶奶经常会把我举过围墙，让我看行驶而过的火车。

## 父亲当时如何赚取了第一桶金

说起我的出生，在当时还是一件轰动校园的事情。当时我爸妈都还在学校念书，他们俩是当年最早敢手牵手在校园漫步的一对情侣，而且他们在大学的时候就结婚并且生下了我。

毕业后我爸在台湾的中视找到了工作，做一个综艺竞猜类节目。这个节目每次开始前都要编一些励志的小品文，他为节目编了很多，后来把这些汇集起来编成一本书稿《萤窗小语》交给台湾的一些出版社，但各出版社都回绝了，认为内容太单薄。他却不服气，自己出钱印了一些，很快就卖完了，然后继续加印，又很快卖完了。有一天台湾的"国防部"打电话来，要订购一些《萤窗小语》，而订单量是几十万本！结果因为这笔订单，我5岁的时候终于可以搬出违章建筑，搬进了繁华的忠孝东路。也是在这里，我生平第一次见到了抽水马桶。后来我的生活也发生了改变，我进入很好的小学，后来甚至当上了副班长。

## 父亲出走去追求梦想

然而在我5岁那年，有一天，我爸突然又要离开我们了！那时我爸得到一个去美国某个博物馆做交换驻院艺术家的机会，就这样他走了3年。从我5岁到8岁这段时间，我都没有看到父亲。他离开的时候说，如果他混出头了就会把我们接过去。大家看到这张照片就是我们孤儿寡母在一起相依为命的照片。

当我小学二年级毕业的时候，有一天，我正坐在客厅的地上玩玩具，妈妈突然和我说已经收拾好行李，我们要赶紧去飞机场坐飞机。我记得非常清楚，当我们走出家时，我听到身后的门咔嚓一声关上的声音，就此，我竟然11年都没有回到台湾。

## 八岁突然去了美国

我父亲那时在纽约一所大学教美术历史，他在那里买了一座房子，我们住了进去，也许有人觉得这叫移民而不是流浪。但是对于我来说，来到完全陌生的美国，人生地不熟，而我也完全不会英文，这对我而言真的算是一种没有选择的流浪。

刚到美国两个礼拜我就被送到学校去了，而我所有的朋友和喜欢的玩具都在台湾，我觉得非常不适应，每天我都和奶奶一起抱着哭。当然我奶奶哭应该是怀着另一种感觉。我奶奶是北京通县人，以前在教会学校念书，听说英文很好，但是50多年来全忘光了。她也是一直在流浪。起先因为战乱从北京辗转流落到重庆，最后到台北找到我爷爷，并终于在台北落地生根。几十年后，没想到最后她又流浪到美国。

## 第一天上学的经验

那时父母听说公立学校里学生会欺负不会讲英语的小孩，害怕我会被欺负，所以把我送到一家私立的天主教学校，而我也成了学校唯一的一个中国小孩。大家看到照片上这个顶着爆炸头的小孩就是我。之前我妈听说美国的孩子因为吃很多麦当劳，所以都是卷发，因此她也让我烫了一头卷发，所以我就顶着爆炸头戴着眼镜去上学了。

上学的第一天，我父母送我到学校门口，因为我不懂英文，所以告诉我不管老外问我什么我都回答"I don't know."就好。学校的老师很好，为了让我融入学校，让每个小朋友都排着队向我做自我介绍，每个人都会向我自我介绍一番然后问我"What's your name？"，我就照着父母的叮嘱回答所有人"I don't know."，结果我就成了班里顶着爆炸头，名叫I don't know的唯一一个中国小孩。还是因为完全不懂英文，我刚上学就被留级了，不得不重复上一次二年级。

## 我的自我意识：最会念书的nerd

我英文虽然很烂，但是数学却很好。亚洲小学生的数学基础教育比美国的孩子要强。当我已经掌握加减乘除运算的时候，美国学生的家庭作业还是类似于圈出五个苹果、圈出十个香蕉之类的题，我当时看到题目还以为是开玩笑。当我每次交出数学作业都满分的时候，我竟成了大家眼中的数学天才。加上我那时还很小，英文慢慢学会了，然后就真成了班里的天才。

上初中的时候，我有800度的近视，后来飙到1300度。到了初中快要毕业的时候，我当上了副班长。

每当流浪到一个新的环境，我就努力想在新环境中找到自己的位置和角色。既然我在一进入学校就被贴上了天才的标签，从此我也就一直努力去成为这样一个角色，因此在之后的学习上自己也很刻苦，然后小学、初中就一直以天才的形象保持着功课的全优。

## 被迫考特殊高中

接着就到了上高中的转折点了。在美国上高中基本不用考试，都是就近入学。但是在纽约有三所很好的高中需要通过考试才能进入，其中一所是史蒂文森高中。那时候我的老师找我父母，建议我考史蒂文森高中，本来我只是被父母撺掇着说考一考试试看，没想到我居然一下就考上了。只是考上后我发现上了贼船了！从家到史蒂文森高中我要转两趟汽车两趟地铁，光是在上学的路上就要花掉两个半小时，比北京现在人均上班路上52分钟的时间还要多得多。我当时觉得很累，尤其由于我是唯一一个考上那个高中的学生，因此也不得不离开了自己好不容易才刚刚建立起来的朋友圈。而且那时的纽约市区非常乱，经常有同学被抢，我曾经有一个同学一周被抢三次，还是被同一个人抢。

我不想去上那个学校。但那时父亲天天给我讲大道理："当你走上一个山头的时候，就要先走下去，才能走上另一个更高的山头。"被逼无奈我就只好去了史蒂文森念书。

后来我发现上这个学校也有好处，我可以抛开原来的身份，不用再做个天才，而有机会换另一个身份。

### 在高中如何重新建立自我

但是在这个学校念书压力很大，这个学校每个学生都很会念书，全班平均分92分，我进入后的第一学期拼了老命才念到了98分的平均分。但到了高二的时候我的成绩掉下来了。这个时候的我突然开始问自己为什么要拼命去考高分，这个分数真的就代表了我吗？我开始觉得自己没必要跟大家争这个分数（美国的大学录取并不只看成绩，还要看社团活动、兴趣爱好等等）。当我发现只拼分数我已经无法支撑这么多的课业时，我开始寻找另一个支撑——音乐。

## 我学音乐的经历，考茱莉亚音乐学院两次都没考上

我很小的时候，父母就开始教我学音乐，开始的时候是在纸上画琴键教我学钢琴。后来买了风琴。在我八岁搬到纽约的时候，一进新家我就看到了一架钢琴。当时，一方面我不喜欢音乐，另一方面我当时的老师采用填鸭式教学，我在弹琴的时候觉得弹琴就是在套公式，所以我曾经考了两次茱莉亚音乐学院都没有考上。

## 我的启蒙老师：教我怎么真正play piano，如何把我的灵魂放进音乐

当我到史蒂文森学校的时候，父母给我换了一位和蔼的犹太老师。我记得第一次上课的时候，他叫我和他坐在沙发上，和我谈心，询问我在学校的情况，问起我喜欢哪些老师，不喜欢哪些老师，喜欢哪个女生等等。我就跟他讲了我暗恋的女生如何参加了戏剧社，而我如何就去做了伴奏钢琴师，在伴奏的时候注视她。和他聊了很久之后他说"OK, let's begin."。在后面的教学中，他教我在弹琴的时候把和朋友吵架的感觉、和老师争执的感受，以及和这个女生在一起的心情放在钢琴里。他改变了我对音乐的认识。我以前认为音乐是技巧的东西，技巧要得好就能弹得好。他则让我认识到音乐要把生活和灵魂放进

去。所以我非常感谢这位老师，而他也告诉我做任何事情都要像弹奏钢琴一样，要学会在做这个事情时抱着play的态度。

另一个在我生活中扮演重要角色的人是我老爸。那时的我比较叛逆，每天在餐桌上都跟他辩论，我们两人的争执很多。一天，他在书店看到一本书，是一个企业家写给儿子的20封信，他觉得这种形式很好，就把和我的争执以家书的形式写了出来，并且带回台湾出版，叫作《超越自己》，后来又陆续出版了《创造自己》《肯定自己》，并且都成了畅销书，实在是出乎我当初的意料。当时他也一直叫我超越自己，但是我并不能明白这其中的含义。

### 申请大学的过程：哈佛究竟是如何录取学生的？

申请大学的时候，我的很多朋友都想申请常春藤联盟大学。我跟着同学一起申请哈佛大学。虽然我当时的成绩只能算是OK而已，但是我一直在寻找自己的兴趣，所以参加很多的社团活动。申请大学要有成绩单、会考成绩、课外社团活动，还要考察作文写作能力，提供三封推荐信，并要由哈佛某位校长面试。

哈佛每年会收到3万人的申请，他们会录取600人。我非常幸运地被哈佛录取了。我那时很想知道哈佛是如何录取学生的。今年，我受聘于哈佛成为台湾地区面试员之一，从校方寄来的资料里我知道了学校想要什么样的学生。在这里和大家分享一下：

"我们不认为6500个全A的学生会是最理想的组合，也不认为那会让学生获得最佳的教育，即使我们只想训练职业学者，也不是最理想的，况且那不是我们的教育目的。我们尤其希望你为我们确认那些国际学生的情绪与社交的成熟度……他们需要有足够的自信和人性，让自己在远离家乡和之前的生活构架时，能够舒服地转移到剑桥（哈佛所在地名）的多元环境"。或许是因为我在申请的时候，申请里涉及自己移民来美国如何适应，如何积极参与社团活动，如何透过音乐结交到很多朋友，所以才得到了他们的录取吧。

## 哈佛的学生生活

进入哈佛以后，我发现我的挑战才刚开始。第一天上学的时候，父母把我送到学校，我爸上车离开前丢给我四个字"好自为之"。

我从小都在家庭的环境里成长，突然有一天能够从家里出来，能够自主选择了，才发现做选择怎么那么难。我来到哈佛后第一个选择是上什么课。哈佛的课程手册像《圣经》一样厚。第一学期叫shopping pieres，随便上个课，然后决定自己想要上什么专业。我自己就转了3次专业。首先我选了音乐系，但是发现他们教的是音乐理论和历史而不是演奏等实用技巧。后来我转到了经济系，最后转到了心理系。我那时候觉得选择了最最实用的专业。但是我当时其实是误会了哈佛的用意，哈佛认为学生所有要用的东西都会从工作中获得，所以他们教的是哲理，是学习的方法。我本来以为学会心理学之后就能看透别人心理，给别人算命，但实际上我们课堂上学的和谈的都是一些哲理问题。

我们在探讨人生的大道理，探讨什么能让我们快乐。马斯洛整理出来的幸福金字塔理论认为，人首先要满足基本的生理需求，然后是安全需求、归属感、自信，最后就是"我"（自我实现）。自我实现是当自己在做人生选择时选择你应该要做的事情，有意义的事情。人在工作的时候也可以很快乐。一个好玩的游戏有5个规则，难度适中但是有挑战性、明确的目标、清楚的规划、立即的feed back、能够让人专心。一个令人满意的工作与之完全一样。这给我很大的启示。我当时还在学习，我明白原来工作也可以变成这样一个有意义的事情。当一个人达到这种境界心理学家描述为"flow"，像流水一样什么都很自如开心。我告诉自己以后不管做什么都要"flow"。

"未来不仅将属于受过教育的人，也属于善用休闲时间的人。"哈佛学生不仅能够很好地学习，更在于能够玩自己喜欢的东西。我有两个学弟成立了一个网站，后来变成了facebook，很多同学都把自己的兴趣变成了自己的事业。我曾经向学校申请了一笔经费办了一场电子音乐的演奏会，一千多人，当时非常轰动。我当时把它视为一个非常重要的经历。

## 大学毕业所面临的选择

我毕业的时候我们请来的致辞者是哈佛的校长，他说"成功像是一个洁白的西装，第一次穿上的时候觉得自己很帅，可是很多人怕把它弄脏了，不敢脱下它。但是如果你要取得真正的成功，就要走出去闯荡，多把它弄脏。"我的朋友们毕业后都分散开，很多人都去了华尔街，我则选择了继续念书专攻心理学。我每年暑假寒假出书和举办讲座。我不晓得自己真的要做什么。结果申请了研究所，录取了，就继续做研究。我建议所有同学毕业后不要先进研究所，因为研究所是在培养专业学者。我进入一段时间后，发现我不能在这里继续下去，因为生活太舒服了，我有一个报告拖了两年才交。我们当年住的地方太舒服了，我们的会所非常漂亮，我毕业后就住进这个会所，而且常常办party。后来我告诉自己不能这样，这时我决定自己去选择，一年的时间我到全世界去旅行。

一年的时间我写了一本书 *Why Not*，这一年也是我自我寻找的时间。

## 大起大落的日子

1997年的时候，全世界经历了"".com""的热潮。大家都去投资""".com"，如果你是常春藤大学学生，做了网站，就会有人愿意投资你。我有个同学做了个网站，突然有一天接了一通电话，就得到了2600万美金的投资。另一个朋友的网站则拿到了6000万美金的资金。后来有一天所有的投资者醒来之后，发现每个网站都没有赚钱，他们一下子把所有的资金都抽了回去。后来我那两个朋友，2600万美金的股票最后只有26000美元，两个人的公司一年半后就解散了。在这个过程中，我始终是作为一个旁观者在看这一切，而我的心里也开始痒痒的。

### "9·11"事件对我的冲击

有一天，我在吃早餐的时候得知"9·11事件"。当我从电视中看到这一切的时候，我震惊到根本没办法想象——我有个同学就在世贸大楼工作。事情发生一周后我跟一个佛教慈善团体来到纽约，给遇难者的亲友做心理辅导。在一个多礼拜的时间里我听了上百个故事，让我觉得很悲哀。这让我知道人生多么的无常，充满了变数。我在那个时候决定离开纽约这个伤心地，2001年年底离开了家人回到了台北。

### 回到台湾——追寻的是人生的经验

回到台湾我开始自己一个人生活，从零开始。大家可能觉得我拿到哈佛学位应该能找到很好的工作。但是我告诉自己必须从头开始。那年我29岁，提着皮箱跑回台湾。回到台湾的第一天，我追寻的是人生的经验，在校期间我要找的是自我实现，脚踏实地慢慢往前走，任何事情我都要no regrets。走进公寓，没有任何家具，我把箱子打开，蹲在墙角，知道自己的生活才真正开始，而我所追求的就是更多的人生经验。所以当我蹲在地板上用洗澡的热水器烧的温水泡着泡面吃的时候，我觉得so cool！这就是我要的！当我挤地铁的时候，我觉得好cool，我追求的就是这样的经验。

## 从第一份工作到后来的工作

到了台湾后我首先投了很多履历表，很多公司都不理我，他们没办法相信我作为一个哈佛的学生要来做基层的工作。终于一个广告公司给了我市场研究员的工作，后来我做到创意部门、编导。之后有些客户需要广告音乐，我开始给他们创作，慢慢地我离开了公司自己接案子，也认识了一些时尚圈的广告商，我又被建议做一些时尚杂志，成了编辑、杂志主编。在跑party的时候认识了一些明星，然后开始做一些活动策划，认识了更多的媒体人，他们建议我来拍一些旅游节目。在这段时间里，我保持着做DJ的副业。当DJ很好玩，我现在也一直想办法把我知道的所有东西融入DJ领域，如把民俗音乐和DJ结合，把爵士乐和DJ结合。

我现在重新开始写书，重新回到文字的世界。我觉得这是一个非常宝贵的平台。我有节目的平台，杂志的平台，音乐的平台。

## 用你所有的，去做你想要的

一个职业演说者整理的人工作的动机，钱和名誉都是暂时性的需求，而自主性，自己感觉自己可以把工作做得更好，自己所做的东西是有意义的，才是真正的动力。如果具备这三点，就是一位好职员。

我看这三点和自己的流浪经历非常接近，年轻的时候流浪是为了自己去看世界，当取得一些成就的时候，还要继续流浪，是为了超越。就算有一天有了自己的事业和家庭，心中也要继续流浪，因为我们要寻找人生的意义。当我们得到了这些的时候，流浪是为了回到原点。

我们当初做一百次流浪，是为了认识世界，但是唯有回到原点，才能认清自己！

演讲：刘轩
记录整理：常晓武
2010年6月7日

## 刘墉之子刘轩：若追求财富地位何时是尽头

《北京青年报》2010年7月5日

一度被著名的父亲"绑架"着写，写着写着才写出自己。

刘轩称，今天大量文字的稀释在发生。"写字的人，不能等同于印钞机。但一个人红的时候，往往就被大量'出版'。"

1999年至2009年，刘轩没出一本书，"因为没有重要的想要表达"。10年过去了，其新书《放任心中的一百次流浪》今年由接力出版社出版。因父亲的书在公众视野里长大的他，已过而立之年，会想些什么？近日，他接受了本报专访。

### ·自称永远不及"父亲的勇气"

刘轩自称在台北的"违章建筑"里长大。"铁道边上的空地，建了一些违章建筑，我就住在那里。"直至5岁时，才因父亲刘墉的第一本小品文集《萤窗小语》，刘轩从"违章建筑区"搬进繁华的忠孝东路，才"生平第一次见到了抽水马桶"。也就是在那一年，刘墉得到一个去美国某博物馆做交换驻院艺术家的机会。此后三年，他都没再见父亲。离开时刘墉说，"我混出头了就把你们接过去"。

直至八岁，已在纽约一所大学教美术史的刘墉，买了一座房子，刘家三代才在美国团聚。"也许有人觉得这叫移民而不是流浪。但是对于我来说，来到完全陌生的美国，英文也完全不会，真是一种没有选择的流浪。所有的朋友和喜欢的玩具都在台湾，每天我都和我奶奶一起抱着哭。奶奶是北京通州人，战乱从北京辗转流落到重庆，后到台北找到爷爷，在台北落地生根几十年后，又流浪到美国。"

对于刘墉带来的家族迁徙，刘轩称："我们这一辈，可以坐飞机飞到三万英尺的云端，玩看上去很勇敢的事情。但我的勇气，远不及父亲。抛下妈妈、奶奶和我，需要下狠心。那一代男人很多都这样。可我肯定狠不下这个心。我离不开我老婆和孩子。"

### ·理解中的幸福就是"自我平衡"

刘轩现在理解的幸福，是"自我平衡"，是"看到孩子笑，扶家人上楼梯，为家人做顿饭"，但这不妨碍他干过一些"看上去很酷"的事情。

提及刘轩，总会提及茱利亚音乐学院、哈佛大学。"其实进去了才是挑战的开始。我也有许多不爱用功的时候。"进入哈佛，他首选音乐系，但发现所教的是音乐理论和音乐史，而不是演奏之类的实用技巧，便转学到经济系，后转到了自己认为最最实用的心理学。可最后发现，自己"误会了哈佛的用意"。"本来以为学会心理学之后就能看透别人心理，给别人算命，但实际上我们课堂上学的和谈的都是一些哲理问题，探讨什么样的人生能让人快乐。"哈佛的日子，刘轩最自得的，是曾向学校申请到一笔经费，办了一场电子音乐演奏会，来了1000多人。

29岁，刘墉离开台湾，只身赴美；刘轩则是在29岁，拿到博士学位离开美国，回到台湾。这一选择，因为"9·11"事件。"事发一周后，我跟一个慈善团体去纽约，为丧失亲友的人做心理辅导，一个多礼拜听了上百个故事。那时候我决定离开纽约这个伤心地。"

### · "选择了，就要砸掉另一个杯子"

刚到台湾时，刘轩投了很多履历表，但很多公司都没法相信"一个哈佛的学生要来做基层工作"，直至一个广告公司给了他市场研究员的工作。他在台湾的职业生涯，从此开始："后来做到创意部门、编导；接下来有些客户需要广告音乐，我给他们创作；慢慢地，我离开公司，自己接案子；又认识了一些时尚圈的广告商，被建议做时尚杂志，成了编辑、主编；跑party时认识了些明星，开始做策划人，又做起了节目主持。"而这期间，他保持着做DJ的副业。生命给了刘轩很多条件，去探索很多人生的可能。几经辗转，刘轩觉得人生"最难的地方，就是学会割舍"。"年轻的时候，觉得自己什么事情都能做；年龄越大，就越考量有的事情不能做。"

关于选择，刘轩讲了一个心理课上的实验：两名实验对象，每个人都从两个陶瓷杯中二选一；不同在于，对象甲的另一个杯子被收起来，对象乙的另一个杯子被砸掉。实验结果是，对象甲，会越来越不喜欢自己最初选的杯子；对象乙，会越来越喜欢自己选的杯子。

在他看来，恋爱，需要"选择了，就要砸掉另一个杯子"，人生其他的选择也一样。刘轩做出的人生选择是"艺术"。"写字、音乐，都算。这需要苦功，需要日夜撞墙。"

### ·若追求财富、地位，何时是个尽头

学心理学的刘轩称，每个人都难免有一个比较心态。"你拥有了一定量的财富，还有更大的量在前面；你拥有了一定高的地位，还有更高的地位在前面。你若追求财富、地位，何时是个尽头？甚至越追求，挫败感、虚无感越重。有个笑话，是一个人死了，也舍不得金块。上帝见了他说，你来见我，怎么还背着砖头？"

人归尘土，咎归何处？这是刘轩常思考的一个问题，尤其在今年7月——这个他将为人父的季节。"你作恶，怎么知道不会波及后代？万物是联系着的。几个细胞的改变，可能导致所有的改变。霍金曾说，宇宙，最初是一团雾，很稳定，分子与分子之间距离一样。后来因为地心引力的作用，仅仅7个分子移位，引发了宇宙格局的大改变，形成了太阳、地球等星球今天的模样。"（记者 朱玲）

## 缺乏新闻点怎么办

我们经常听到一些刚刚开始进行图书营销的出版机构吐槽说"你们的书都有新闻点，我们的书要作家知名度没作家知名度，要畅销纪录没畅销纪录，要新闻话题没新闻话题，你们的

那一套图书营销理论在我们社不适用，没法拷贝，所以我们做图书营销没法做出太大业绩。"

我个人一向反对这种论调，所谓缺乏新闻点只是营销上不作为的借口而已。是不是缺乏一般意义上新闻点的书就没法把营销做大了呢？如果缺乏所谓的新闻点，图书至少是有卖点的吧？这种卖点或者是符合了当下的某种社会心理需求，或者是满足了读者某种功能性需要，否则当初选题论证时为什么会通过选题并且花费大量人力物力来出版这本图书呢？

对于那些新闻点并不显著的项目，我们的图书营销人员就要从当初选题论证时的理由开始，从文本本身挖掘话题点，制造社会话题，开展营销。此处不举图书的营销案例，而举另一个在此问题上更具有代表性的电影营销案例来说明如何营销缺乏新闻点的项目。

## 《失恋33天》的SoLoMo营销

《新营销》2012年3月

这是一部地地道道的小成本片子：剧本是豆瓣上的连载小说，演员是非一线明星的文章和白百何，导演擅长拍摄电视剧……种种因素叠加在一起，怎么看都不是票房的金牌保证。非但如此，它居然将档期选择在国际大片围攻的

2011年11月中旬，十足像一个懵懵懂懂闯进黑帮地盘的弱小男孩。然而，它一举打败了诸多国际大片，高奏凯歌。

这是一场以小搏大的营销战役，除了影片本身的质量之外，还有一些纯粹是走运的因素，比如天时——毕竟6个1的"神棍节"100年才有一次。但是，作为营销人，更应该从中找到其可控的因素和营销逻辑。

## 营销性价比

将营销侧重于社会化媒体，在宣传推广的前期几乎没有在传统媒体上露面，对于《失恋33天》的推广团队来说，当时是一种无奈的选择。

事实上，中国电影营销自从告别了20世纪末"海报＋售票窗口"时代，就开始通过传统媒体进行炒作，投放广告，举办首映礼，召开明星见面会、新片推介会，进行网络推广，形成了相对固定的电影营销模式。

不可否认，这种电影营销模式至今仍在发挥巨大的作用。如果《失恋33天》是一部大制作的电影，投入几千万元，恐怕也会采用全媒体投放广告的路子，进行高空轰炸，最大化覆盖受众。

推广团队成员之一，影行天下负责人张文伯认为，过去做影片传播和公关，一般是"把稿子发给报纸，把物料发给网站、电视台，管他们要位置，这是单向传播，有很多中间环节，要做大量的公关活动。"

由于小成本电影的低营销预算，迫使《失恋33天》营销团队必须"不走寻常路"，不再单向传播，而是要提高营销精准度，追求营销性价比。

"人们获取信息的方式在改变，营销的平台、形式和内容将随之发生变化，这决定了社会化媒体营销是趋势，但目前国内还没有成功的经验可遵循。《杜拉拉升职记》是初尝社会化媒体营销，《将爱情进行到底》是以社会化媒体营销为辅，《失恋33天》则是以社会化媒体营销为主。"《失恋33天》营销推广团队的另一个成员——伟德福思的负责人陈肃说，"现在大家都在讨论这个案例，因为性价比太高了，《失恋33天》是国内历史上国产片票房第六。"

## 社会化媒体

刚进行营销推广时，张文伯对《失恋33天》做了评估，评估的结果让他很为难："剧本的可读性很强，但台词太多，总是晃范儿，感觉是在看电视剧剧本。导演在电视剧领域很有名，但是电影线的记者对他不熟。演员的情况也相仿，文章、白百何作为明星，话题性和关注度都不高。再加上这么少的投资，这么不新鲜的类型，还有一个从来没合作过的投资方……几乎没有一个是加分项，如果用我们常规的宣传套路做，基本可以预测到结果。"

　　根据《失恋33天》的主题，影片在"神棍节"期间上映无疑是最佳时机。然后，再按照影片放映档期进行"倒推"，推广团队确定了落地活动、物料素材发布、艺人通告、常规稿件发布等工作。

　　"制定推广方案，其中最重要的是弄清楚目标消费者，而目标消费者与票房目标密切相关。片方最初的预期是票房2500万到3000万。"张文伯说。

　　根据营销预算和票房目标，《失恋33天》必须精准营销，这就对传播渠道选择提出了很高的要求。事实上，目前电影的竞争就是传播渠道的竞争，只有电视、报纸、杂志大肆报道，以及在门户网站占有重要的位置，才有可能吸引电影院院线和大批观众。

　　"小片的日子越来越难过，连我们自己都不好意思跟人家要位置，老拿'合作'说事儿也不是个办法，毕竟媒体需要发行量、点击量，你的新闻放在那儿，就是不如人家的更扯眼球。"张文伯认为老是这么做等于拖媒体的后腿，"不符合互利互惠的原则"。

　　因此，他们决定跳过传统媒体，借助社交媒体，发布信息，直接与目标消费者对话、互动，以更直接的方式传递信息。他们圈定了两大受众群体——大学生和白领，选择的社会化传播渠道是新浪微博和人人网。

**SoLoMo**

2011年2月，美国KPCB风险投资公司合伙人约翰·杜尔把Social（社交）、Local（本地化）和Mobile（移动）整合在一起，提出SoLoMo概念。

陈肃和张文伯事后发现，《失恋33天》的营销推广居然与SoLoMo吻合。

So：社会化媒体的互动传播

以新浪微博和人人网为宣传阵地，《失恋33天》以"情感的怀念和发泄"为主要诉求，对准85后、90后大学生和白领群体，把电影话题转变为社会话题，紧贴"光棍节"关键词，紧贴热点，不断制造话题。"引起共鸣，攻心为上。"陈肃说。

"这个片子超过了以往别的片子社会化媒体营销的费用，比如在7个城市拍摄'失恋物语'、物料制作等，大概为150万元。客户没有具体限定社会化媒体营销的预算，是看着效果好慢慢追加的。在传统媒体上，最后追加了200万元的硬广告，之前的预算是400万元。"陈肃说。

影片预告片和《失恋物语》系列视频主要通过视频网站和社交平台传播，通过普通人讲述普通人的失恋故事，以感动更多的普通人。并且，借助微博平台不断加强失恋主题宣传，通过戏外宣传制造口碑效应，注重粉丝的反馈和意见，第一时间与粉丝互动。

在微博渠道组合上，横向采用官方微博、草根微博和明星微博，广泛撒网；纵向借助各类微博应用，比如微博投票、微博活动、微博小插件等，组成一个微博矩阵，然后分别以图片、文字、音乐、视频等形式进行传播。一时之间，微博上随处可见关于失恋的话题和关键字。

"通过官方微博主攻，聚集黏性粉丝。通过影片主演及其圈中好友的明星微博发布信息，通过草根微博制造话题，让大众兴奋，自然而然地传播，再通过辅助微博发布与影片有关的语录、心语等，创建后援会和粉丝团等组织。"陈肃说。

当然，微博营销并不仅限于线上，通过线上征集视频拍摄主角，在线下完成拍摄，同时以线下拍摄活动影响线上传播和关注，形成传播的良性循环。

在举行关机仪式之后，营销团队推出了第二个落地活动——启动"失恋博物馆"。"失恋博物馆"是陈肃对《失恋33天》在新浪视频建立的视频官网提出的概念。陈肃认为，叫官网宣传味太浓，"叫'失恋博物馆'更有噱头"。除了大量的影片宣传素材，他们还把在微博上征集到的分手信物、失恋后的心情感受、疗伤歌曲等放到"失恋博物馆"营造气氛。

张文伯说："不是说在微博上发内容就一定会赢，而是要真正形成互动，要实时观察什么样的内容有效果，要清楚你发的内容针对什么样的受众，是否到达。"

### Lo：7个票仓城市的"失恋物语"

营销团队在3个月内，奔赴7个票仓城市，拍摄"失恋物语"。一方面通过新浪官方微博征集自愿参与拍摄的普通人，一方面借助影片的广告客户珍爱网，在其会员中寻找合适的人选，一边拍摄，一边推广，并且根据实时互动，确定拍摄内容和角度。

"7个城市要做出风格来，就是标志性建筑和方言，这是个探索的过程。'失恋物语'后来由网民自发制作和传播，现在已经达到了25部。"陈肃说。

拍摄完7部视频后，他们又推出城市精华版"失恋物语"，把采访资料剪辑成一条短片，再次发布，形成二次传播。

### Mo：移动终端的APP设计

营销团队开发了影片应用于移动终端的APP，并与Kaila视频合作推出"成人玩偶"猫小贱，通过淘宝平台售卖。

张文伯认为，技术变革必然带来商业模式变革，以及营销变革，而电影宣传正是电影营销的一个组成部分，所有的营销策划、宣传推广都应该具有社会化和本地化的特点，并且高度关注移动领域。"三者形成的即时性传播，可以通过互动、分享等获得受众的反馈，并将其中的亮点迅速转化为新的炸点进行二次传播，杀伤力更强。国产小成本电影的宣传推广，一定要走新媒体营销之路，这是大势所趋。技术是第一生产力。因为这个平台是开放的，对所有人都是公平的，不需要公关，只需要创意支持和执行到位。"

最终，《失恋33天》这部"乐观、幽默、不哀怨"，投资不足1000万元的电影，加上宣传发行费用，总投资大约1500万元，票房却超过3亿元，将三部好莱坞大片《猿球崛起》《铁甲钢拳》和《惊天战神》甩到了身后。《失恋33天》，为在高投入大片和商业性微电影之间寻找生机的小成本电影树立了一个标杆。（记者 周再宇）

现在你已经清楚了如何撰写新闻稿，下一课中我将告诉你如何成功推销你的新闻稿给媒体记者。

## 本课小结：

图书营销人员想要开展图书营销工作，需要具备新闻通稿的撰写能力。

要提高自己撰写的新闻通稿被媒体采用的几率，需要力争在稿件中包含以下这些能提高稿件刊发率的新闻点：涉及巨款的事件、选题追捧热点、一般趋势、科学技术的重大突破或普及、一年一度的事件、年度报告、弱者的成功、书业名人、丑闻或官司、最、虚伪、图书被改编成影视剧或网络游戏、成功秘诀等等。

在撰写新闻稿时，不要用一步一步烘托铺垫的写法，而要明确直接，让读者从标题开始就能快速了解你所要传达的信息，你要确保信息传达的真实、简洁、准确和完整，词汇使用恰如其分。

善于在正文中以多个小标题向记者标示各段落的内容亮点，为其进行新闻点的提取提供参考和思路。

相对于图书内容，媒体记者对作者生平更感兴趣，这就要求图书营销人员要学会通过"推人"来"推书"，用作者传记来争取更大的报道版面。

作者传记的撰写有三种方法，一种为图书营销人员自行采写；第二种为图书营销人员对作者的演讲内容进行速记和整理；第三种为约请记者来做作家采访。三种方式各有利弊，要针对不同情况分别采用。

对于那些缺乏新闻点的图书，图书营销人员就要从当初选题论证时的理由开始，从文本本身挖掘话题点，制造社会话题，开展营销。

# 第 **3** 课
## 如何成功推销新闻稿[①]

---

① 本章部分参考了《怎样和媒体打交道》，〔美〕斯图尔特 著，中信出版社2005年8月出版。

在掌握了如何撰写一篇合乎标准的新闻通稿后，是否就能保证新闻稿被采用刊发呢？根据我多年多次碰壁的教训，答案是：不！

事实上，即使你的新闻稿写得合乎要求，想要确保它被媒体采用，你还要对新闻稿进行一些适当的推销。这就包括了选择适当的发出时间，寻找最合适的记者，选择适当的时机，并积极地向媒体提供图片、图表、样书和其他辅助资料，并且需要你斗志昂扬地对报道展开追踪调查，不能跟丢了记者。此外，与媒体建立长期稳定的良好合作关系也是你日常要做的功课。

### 推销新闻稿的最佳时间

新闻稿的发表时间是它能否获得成功的一个重要因素。一般来说，发表时间最好不要定在周五，因为周五的新闻报道多半会排在周六、周日或周一刊发，虽然很多报纸拥有庞大的订阅用户，但由于大量的报纸阅读者是上班族，是在乘车上班的过程中购买阅读的，作为休息时间的周末会导致报纸的购买和阅读率有所下降，你所希望的信息覆盖人群数量会因此而打折扣。

而虽然周一是工作日，报纸零售量好于周末，但由于周一是一周上班的第一天，是每个人最忙的时候，读者抽出时间深度阅读报纸的时间也会减少。所以最好还是避过这些新闻阅读情况不佳的时间，否则你的稿件不会得到最大化的关注。

我建议你最好在周一到周四中某一天的一大早发出你的新闻稿，因为浏览这些新闻通讯、寻找新闻事件和流行趋势的记者或是编辑们一大早就开始工作，所以你一定要让你的新闻稿能引起他们的注意。

有时当你所供职的出版机构可能会有一些坏消息要发布，如公开道歉等，那么建议你选在周五的下午六点左右发布这个消息，这一策略就是为了让这个消息不会引起大家太多的注意。当然，拜网络所赐，这样的策略并不能让你顺利躲过坏消息被人看到的情况，尤其当坏消息足够糟糕甚至具有持续发酵潜质时。但躲过了报纸阅读率最高的时间，总能让几十万至几百万报纸读者少一些看到坏消息的频率，对于降低不良影响总是有益无害的。

此外，在推销新闻稿或举办媒体发布会时，时机的选择也是至关重要的因素。比如说，你打算在某一天向某个记者推荐某本书的相关新闻题材，但是在那一天，发生了一件重大的文化事件，可能是茅盾文学奖获奖名单公布，也可能是某位著名的作家辞世，亦或是某位名人出版新书，那么你可能不得不更改你的发布会召开时间或新闻稿群发时间，重新制定你的计划。除非你想像汪峰抢头条六连败一样悲催。

## 汪峰2013年上头条"六连败"记录

9月，汪峰在微博宣布离婚碰上王菲、李亚鹏离婚；

11月9日，上海演唱会高调告白章子怡又撞上恒大夺冠；

11月3日，汪峰发表新作品，却遇上吴奇隆与刘诗诗公开恋情，及杨幂与刘恺威的婚讯；

11月27日，汪峰登苍山，好不容易攻顶，但当天王力宏与李云迪先后承认恋情，头条再次被抢走；

11月30日，汪峰在微博打歌，偏偏遇到保罗·沃克车祸身亡，让他第五次"上头条"失败；

12月2日，汪峰新专辑《生来彷徨》才在中午首发，晚上又撞上了大S宣布怀孕，惨遭上头条"六连败"。

### 选择正确的记者/编辑作为推销对象

在为你的新闻稿选择发表时间前，你要仔细考虑究竟要把稿件发送给哪位记者。并不是每一位记者都欣赏你精彩的新闻稿。所以你首先要做的是明确每个媒体的定位、受众和报道方向，再在其中找到负责此类报道的记者，只有你的新闻事件在他的工作范围内，他才会有兴趣听你对新闻事件的推荐。

有时候，选择会对你的稿件题材感兴趣的记者也是决定新闻稿录用机会的重要因素。比如对于某出版社的少儿读物或低幼读物的推广活动，他们更愿意邀请报刊中有孩子的女性记者带着孩子参加，她会在整个活动中切实感受到活动的乐趣，而非"点个卯"就走，自然对活动的体会深度和稿件的重视程度会有所不同，在稿件撰写刊发时也会比其他记者有更深的感触，而记者在文章中流露出的真切的个人感受往往更能打动读者。

### 提供更多辅助材料增强控制

当你非常幸运地没有遇到上述的各种不测，既找对了记者，又避免了会对你发稿产生干扰因素的重大事件，并且记者也对你的新闻稿件产生了浓厚兴趣，那么尽可能地为记者提供一些照片和图表资料来辅助他们进行文字报道吧。不要让记者费尽周折还不能获得他们所需的图片资料。

为文字报道提供相应的图表还有另一个好处，那就是你可以在更大程度上控制报道的内容。例如，你可以确保报道引用的是社领导或作者的一张比较讨人喜欢的照片，而避免记者在网上扒来的形象不佳的照片可能给社领导或作者带来的负面影响。

### 如何催促记者发稿

在这一切都顺利完成后，下面你要做的是进行对稿件的追踪调查。对于这一点一定要灵活掌握。对于记者而言最讨厌的问题就是："稿件何时能够刊发？"这会给记者带来压力。但是如果你想得到自己满意的报道，继续追踪确实是很关键的，因为确实会有很多情况是邮件发送失败，或是记者在忙于很多事情的时候忘记查收、处理你发来的稿件。如果你已经给记者发送了某些资料，但是没有听到记者的任何回音，那么一定要打电话或发短信提醒他们尽快查收，并善意地表示如果寄丢了自己可以立刻重新发邮件，不过内容一定要简短扼要，要表达出你是担心邮件寄送系统出了故障，你的追问是为了更好地服务他的采写报道。

## 做足日常功课让你事半功倍

在一次次与媒体合作后，你要及时进行资料的整理汇总，要记下每一个记者所在报刊的定位、风格和每一个记者的报道偏好，并将其联系资料记录在你的媒体库中，定时进行一些感情联络。在日常的新闻稿件处理中，将他的邮箱设置在你的邮件群发列表中，在第一时间及时向他提供可能对他们的工作有所帮助的新闻资讯。

在群发稿件时一定记住要将群发邮件地址列为密送而非抄送，当记者看到你将新闻稿群发给几十家媒体，尤其是发到他的竞争对手的邮箱中时，会感到自己并没有受到你的重视，尤其是在一些重要作家或重要事件的报道中，记者们通常都希望能第一个报道某个新闻，而在有对某位著名作家进行独家专访的机会时，你一定要让他明白在这件事情上他享有优先选择权，从而给予他足够的重视，他反过来也会在日常的报道中给予你回报。尤其在你要为一些知名度不高的新作家安排专访以提升其知名度时，记者对你的这种回报往往能帮你解燃眉之急。

## 遭到拒绝怎么办

当然，在向媒体推销新闻稿的时候，你也可能遇到记者拒绝你采访邀约的情况，如果这时你还喋喋不休地劝说、哀求甚至是抗议，那么他们会马上把你划入让人讨厌的范畴，而且肯定会尽可能迅速地挂断电话——当然也有记者因为不胜其烦最后刊发稿件的情况，但是这绝不会是一种长期可持续的良性媒体关系。

如果遇到这种拒绝，你也没必要再和记者纠缠下去，重新审视一下新闻稿的角度选择，在确认没有可调整空间的情况下，拿起电话给你的媒体名单上的下一位拨打电话。

如果在报刊等传统媒体实在没法推销出去自己的新闻稿，那么试试网络媒体。虽然网络媒体在消息的公信力上、对新闻稿的编辑剪裁上略逊于传统媒体，但由于不会受到版面限制，网络编辑的发稿权限更大，故而发稿难度更小。而网络媒体的刊发量足够大时，你的稿件所要达到的传播效果同样也达到了。要知道虽然我们选择传统媒体发稿，但是在当前的移动互联网环境下，传统媒体上刊发的消息同样还要经过网络媒体的转载才能抵达大部分目标受众。

**本课小结:**

要成功推销新闻稿，需要在最佳的时间，选择正确的记者或编辑，提供优秀的稿件，并采用适当的方式追踪发稿。

一般来说，通稿发出时间为周一至周四上午，并要尽量避免和一些重大新闻撞车。

在记者的选择上，要找负责对口报道版面中对该类推广活动感兴趣的记者或编辑，并要尽可能地为记者提供照片和图表资料来辅助他们进行文字报道。

在追踪发稿时，要简短扼要地进行电话或短信追踪，提醒他们尽快查收邮件，表达出你的追问是为了更好地服务他的采写报道，切不可让记者感到催发稿件的压力。

日常要做好对每个媒体个人情况的记录和资料整理，在稿件群发和专访机会的提供上都要给予媒体尊重感和优先权，以便建立起良好而持久的业务感情。

当遭遇到媒体拒绝发稿时，不要和媒体纠缠死磕，在确认自己的新闻稿没有可调整空间的情况下，重新联系别的媒体即可。

如果在传统媒体上发稿难度实在很大，那就索性把发稿重点都放在网络媒体上吧，一则网络媒体的发稿门槛相对较低，二则网络媒体已经成为读者获取新闻的最主要渠道，即使是传统媒体刊发的稿件，往往也是通过网络媒体最终实现信息的抵达。

# 第 4 课

## 如何看待各种
## 营销手段及其效果

在掌握了如何让你的新闻稿最大可能获得媒体采用，并借此将宣传信息传递给目标受众的基本技能后，你的工作并没有结束，而是刚刚开始。图书的营销并非只是发发新闻稿就足够了，你的营销工作更有赖于各项推广活动与媒体宣传的配合，以此来产生实质的效用，提升图书的销量。那么就让我们来梳理一下主要的一些落地图书营销手段在当下的市场能够产生怎样的效果吧。

## 作者巡回演讲、签售

作者巡回演讲、签售是指作者在集中的一段时间内，访问多个城市，并在每座城市向特定读者进行演讲或交流，为购买图书的读者签名留念，并就新书宣传出席媒体见面会或进行其他个人宣传促销活动。

作者巡回演讲、签售是一种有效的市场营销手段，一般来说，每到一座城市，作者要整天连轴转地进行演讲，为读者购买的图书签名，接受媒体采访，然后又要马不停蹄地赶赴计划中的下一站。这是一个苦差事，但却是对图书的分销、零售都有着显著强化作用的营销手段。书店获悉作者将进行巡回演讲、签售的消息后，一定会确保沿途各店备有足够的作者的新书。就零售而言，巡回演讲签售是一种传统的、基本的，却仍然是最有效的市场营销手段。

面对面的演讲和互动交流能够用作者的个人魅力拉近与读者的情感距离，增强读者对作者和作品的理解，产生对作品的强烈阅读欲望和对他人的分享、倾诉欲，有助于图书口碑的形成。

媒体的采访和后续报道，有助于突破当面交流观众规模小的缺陷，让全省读者了解作者及其作品，以便作者离开当地后图书在书店仍然能够持续销售。

签售则是形成口碑营销的重要催化剂，签售的数量越多，图书的首批体验者也就越多，形成口碑的规模范围也就越大。并且签售还具有聚拢人气的作用，少儿读者在参与签名售书的过程中有时会带有一定的冲动性和盲目性，即使没在现场聆听作者的演讲，并不了解作家，但看到同学们都在排队争着签名时，往往自己也会受到从众效应的影响，追捧作家。

　　过去少儿图书的演讲签售往往都在校园开展，近年来这一方式发生了一些变化，作家往往将演讲和签售分别在不同的地点举办，在学校纯进行演讲，而将签售放在书店进行。这样虽然会受到学校与书店距离的影响而让一部分想要签名的读者无法前往签售地点，但在书店的签名售书使得每一本图书销售记录都被录入系统，为图书冲击畅销书排行榜提供了积累，而图书一旦登上了畅销书排行榜单，在一段时期内的旺销将会有所保障。

　　也许有人因为排斥签售的商业性而倾向于不做签售，仅做密集的媒体采访，希望通过密集的媒体报道来拉动销售，这样的做法行不行呢？当然这也是一种有效的方式，但是我认为这种方式远不及作者和读者当面交流更有效，远不及即时的签售更奏效。因为人跟人之间当面交流的感染力真的不是依托于媒体就能替代的。比如说在某些演讲会场不够大而采用主会场演讲、其他教室看视频直播的情况下，你去巡视主会场的观众和看直播的分会场的观众，会明显地感受到观众注意力集中度上的差异。主会场的观众聚精会神踊跃参与，而看直播的观众往往会分心干自己的事，这正是双向交流和单项交流所带来的差异，也是互联网从web1.0要不断向web2.0、web3.0升级发展的根本原因。

所以请一定不要过于迷信媒体的力量而忽视了虽然传统但却根植于人内心深处最根本的方式，忽视作者与读者当面交流的价值和影响。

## 促销

那么如果图书的作者形象不佳、不善言辞，不适合做演讲签售，或是作者在国外，不便邀请或成本太高时，营销人员该采取何种推广手段呢？促销不失为一种拉动图书在书店销售的有效手段。其中静态的买赠促销不如现场活动促销效果好，现场活动促销不如静态买赠促销的成本低、持续时间长。

在促销已经日益泛滥的今天，静态的买赠促销很大程度上难以打动读者购买。在嘈杂的书店里甚至连买赠促销信息都很难传达给读者，那么为什么还要提倡将静态的买赠促销作为一种手段使用呢？因为其效果不在于打动读者，而在于打动书店，在于提供一个由头，让书店给促销图书提供一个较好的展示位置和持续的展示机会。

在当下一年出版几十万种新书的情况下，海量图书让书店对图书的上架、下架速率加快，一本图书在几周内没有明显的旺销势头，往往就会从好的销售展示位撤下来，从平台撤至书架，从封面朝外改成书脊朝外，销售再不理想，就该放在阴暗的角落甚至下架处理了。这就使得卖场的阵地战变得异常激烈，在通过媒体宣传让读者逐渐了解图书并刺激购买行为产生之前，要保证图书的重点码放展示位置，在遭遇作者无法签售的情况下，静态的促销就为出版社发行员提供了一个很好的理由，使得图书能够更长时间在较佳的展示位置存在。多一天展示，图书就多一分销售机会，所以静态买赠促销的效果不应该就促销品和图书的销量进行对照，而应该以图书保留在重点展示位以及本出版社整体图书销售的提升作为衡量标准。

　　而现场活动促销与静态买赠促销相比，由于有工作人员在现场营造活动气氛，以声音、形象和活动环节引发了读者的注意，聚拢了人气，使得关于图书的内容信息和促销信息能够有效传达给目标受众，因而能够在为图书争取到更久较佳销售展示位置的同时，切实地拉动图书的活动现场销量。虽然现场活动促销和作者签名售书的销售数量没法相比，现场活动促销可能只能带动几本、几十或上百本的销量，而作者签售则是几百或几千本的销量，但是就单个书店而言，通过活动在一天内带来几十本的销售也仍是不错的成绩，如果这样的现场促销活动能够让出版社在全国各地书城驻店的促销员每周持续开展，那么持续的销售效果也将是非常喜人的。

## 影视联动

通过电影、电视、动画片的热映从而带动图书热销的例子非常多，如当年的电视剧《来来往往》，电影《哈利波特》系列、《暮光之城》系列，动画片《小鲤鱼历险记》《虹猫蓝兔七侠传》《喜羊羊与灰太狼》等。于是很多营销人员都将宝押在影视联动上了，认为只要有影视的热映，自己就可以高枕无忧了，其实这是极大的误区。即便与图书有关的影视作品热映，如果营销宣传人员不紧密跟进，很可能出现剧热书冷，或图书错过了影视联动机会的情况。

当确定与图书有关的影视作品即将上映、开播时，营销宣传人员需要尽快反应，竭力增强图书与影视剧的关联性，一方面可以通过对图书封面、腰封等的改造，让影视剧的剧照或"某剧原著小说"之类的字眼出现在图书显著位置上，增强其关联性。另一方面要向经销商传达影视作品的播出或上映时间信息，辅以提供海报、招贴等宣传品，让经销商做好备货和卖场展示工作。另外还要和电影的发行方、电视剧发行方联系，实现宣传资源置换。并且要通过报刊文化类媒体将图书改编的影视剧即将上映的消息刊发出来。此外，针对动画片改编的图书，在书店举办以动画人物形象为主题的生动的现场活动也是非常必要的手段之一。

当然，对于影视联动也不能过于乐观，这些年来押宝在此却希望落空的案例也不在少数。随着电视、电影观众的日趋理智和成熟，影视作品本身热映的可能性也变得更加难以预测，所以图书的热销也难以保证。这些年来，押宝在央视上映的动画大片《魔盒与歌声》《美猴王》《小狐狸发明记》等都因为动画片没有热起来而造成出版社巨额的投入打了水漂，而《赤壁》《建党伟业》《鸿门宴》等的影视联动图书虽然有着较大的影视联动宣传，但也没有取得与电影票房相匹配的图书销量，都反映出这一趋势。

所以不依赖于影视联动的常规宣传，是每一个营销人员始终应该去做的事情，而不是总等待大片上映的机会。

## 阅读推荐

阅读推荐包括很多种，有新闻出版总署向青少年推荐的书目、省市读书月向民众推荐的书目、教育系统暑期阅读推荐书目、教育系统寒假阅读推荐书目、社会公益机构向读者推荐的好书书目、学校向孩子推荐的假期阅读书目、老师向学生推荐的阅读书目、媒体向社会推荐的好书榜、专家和阅读推广人在演讲和个人博客中向读者推荐的图书、网络意见领袖向特定圈子推荐的图书等不一而足。这些阅读推荐总体分为政府机构推荐、社会组织推荐、有影响力的个人推荐三种类别。

应该说这三种阅读推荐仅有影响范围不同，没有效果高下之别，每种推荐方式都能够在各自的对象人群中产生相应的影响，从而或高或低地拉动图书的销量。其中各省市假期阅读推荐由于具有一定的指导性，对于图书在当地的销售拉动效果非常明显，明天出版社在此方面取得的成绩在全国所有出版社中都是具有标杆性作用的；而专家、学者、阅读推广人在演讲和博客中的持续推荐，往往能令那些品质好但一开始不被读者所了解的经典图书焕发出新的生机，甚至成为经典畅销且常销的书，如《活了100万次的猫》《一年级大个子 二年级小个子》等都是得益于专家的持续推荐，才从最初的滞销书变为后来的经典畅销且常销的图书。

与前面所述的几种营销手段相比，阅读推荐是成本低、效果好的营销手段。图书取得上述推荐机会，是80%的日常宣传加20%的即时努力成就的，也就是说首先要书好，其次是日常宣传到位，让足够多的人，尤其是参与到指定阅读推荐书目的关键人士知道、了解并喜欢该书，再一个关键就是在阅读推荐拟定前进行申报、提醒和大力推荐，踢好临门一脚。而在这个过程中，认清哪些是起关键作用的人，定期、及时将图书寄送给他们，就是一件既日常又非常关键的事情了。

## 征文大赛

征文大赛这一曾经非常有助于拉动读者参与热情的营销手段，在互联网日渐发达，读者发表、倾诉个人意见通过网络更为便捷的时代，效果大不如前。但是如果方法合适，这一传统的手段还是能产生较大影响的。如联合相应的国家机构和社会组织，将征文大赛的成绩与升学考试加分挂钩，或通过联合具有较大社会影响力的媒体，将征文大赛与高额奖金或等价物联系，或以提供作品出版机会等帮助很多人实现心中梦想的方式，都将因"重赏之下必有勇夫"而激发读者的参与热情，图书也在此类大赛中作为征文的撰写对象而得到销售拉动和媒体的宣传报道。

如接力社2011年初联合腾讯网举办的"暮光之城"粉丝北美见面会全国选拔赛就因为北美之行的高额奖励和媒体广泛报道而起到了预期的良好效果。2008年接力出版社举办的"鸡皮疙瘩"我不怕主题有奖征文则是以作品结集出版为奖品，吸引了国内各省市的读者参与。湖北省由《武汉晚报》举办的"楚才杯"作文竞赛，过去因为比赛成绩可作为中考加分而在湖北省内读者报名非常踊跃（现在因政策改变，加分的规定已经被取消），将图书与这些征文大赛联系起来，就能够起到预期的效果。

## "暮光之城"国际粉丝北美见面会中国区选拔秀

2010年12月，"暮光之城"系列图书的美国出版方阿歇特跨国出版集团旗下小布朗出版社向十个国家和地区的"暮粉"发出邀请，由各国"暮光之城"系列图书的出版方组织超级粉丝选拔，并将于2011年3月中旬至4月中旬之间将其送至北美，参加"暮光之城"国际粉丝北美见面会，与作者斯蒂芬妮·梅尔见面交流。

接力出版社作为"暮光之城"系列中文简体字版的授权出版方，联手腾讯网，在2011年1月17日—2月28日，举办了"暮光之城"国际粉丝北美见面会中国区选拔秀，选拔要求参赛者用"我与'暮光之城'的故事"为主题用中英文撰写一篇千字以上文章发送到参赛指定邮箱，并经过网络海选，20进5网络公示与投票，北京全国总决赛现场三轮PK，最后由翻译界、文化界、娱乐界专家担任评委，共同决出中国地区"暮粉"代表1名，由接力出版社承担费用送获胜者及其监护人共赴加拿大与作者斯蒂芬妮·梅尔当面交流。

这次活动由于奖品对目标受众极具吸引力，所以虽然时间极其紧张（活动举办时正值中国农历春节假期），但还是应者如云，从活动发起到网络投票到最终决出冠军，乃至后续加拿大之行，都取得了媒体的持续报道。

新闻链接： 15岁女孩PK5000对手 带妈妈免费游"暮光之城".扬子晚报.2011年4月18日http://news.xinhuanet.com/edu/2011−04/18/c_121316868.htm

## 读书月嵌入

读书月是这些年来在国家大力提倡全民阅读的氛围下形成的各省市全民阅读活动。这类活动数深圳读书月最早也最为完备，并已经成了全国各省市效仿的对象。各地读书月一般由当地政府牵头，由新闻出版局组织，或由当地某家影响力大的媒体承办，活动内容大多包括了名家大讲堂、读书月推荐书目、文化或科技竞赛等等，并且当地媒体也被动员、要求对读书月进行系列深度报道，而读书月组委会在搭好台的时候，就非常欢迎出版社等文化单位来"唱戏"。由于读书月本身有政府拨款，所以很多时候作家往返差旅费及出场费都会由组委会承担。如果抓住这样的机会，配合联系一些学校、书店的演讲签售活动，再将图书推荐进读书月推荐书目，就会起到事半功倍的效果，少花钱办大事。

## 各省市读书月列表（部分）

书香燕赵——河北省全民阅读（1月）

成都"全民读书节"（4月）

书香江城——武汉全民读书月（4月中旬）

书香重庆——重庆读书月（4月）

绍兴市"全民读书月"暨越城读书节活动（4月）

台州市全民读书月活动（4月）

大连读书月（4月）

亳州读书月（4月）

青岛读书月（4月下旬到5月下旬）

汕头读书月（4月下旬到5月下旬）

北京阅读季（4月—6月）

乌鲁木齐"天山读书月"（4月中下旬到9月）

杭州"西湖读书节"（4月—9月）

安徽"新安读书月"（8月）

上海书展暨"书香中国上海周"（8月中旬）

南国书香节暨羊城书展（8月中下旬）

东莞读书节（8月中下旬到9月中下旬）

福州读书月（9月底到10月底）

长春图书博览会暨读书节（9月中下旬）

丽水市全民读书节（10月）

草原读书月（11月）

深圳读书月（11月全月）

湖南三湘读书月（11月）

成都"农民读书节"（12月）

株洲读书月（12月）

"书香长春"全民阅读活动（举办月份不固定）

中山读书月（举办月份不固定）

## 公共图书馆

公共图书馆有时是被营销推广人员忽略的一个重要的推广渠道，虽然公共图书馆内不允许进行图书销售这样的商业行为，但是公共图书馆因其公益性，更增强了传达内容对受众的说服力。邀请作者在公共图书馆举办演讲，对于扩大作者影响具有润物细无声的作用。

尤其在公共图书馆，阅读推广活动是其日常工作之一，图书馆工作人员一方面乐于接受你提出的此类文化活动，另一方面观众组织和场地提供都将由其操办，营销推广人员能节省很大精力用于扩大活动的宣传范围。

同时，在公共图书馆有针对特定人群长期举办的一些品牌图书的故事会、亲子共读会。虽然每次活动受众有限，可能局限在30—50人，但是由于此类活动的氛围融洽，体验亲切，有助于培育读者对经典品牌图书的品牌认知度。同时综合运用媒体的影响力，将小范围的活动以新闻报道、活动感受和体验的形式在网络上进行传播，也将提升图书的口碑传播效果。

| 首都图书馆少儿馆2013年阅读活动列表 | |
|---|---|
| 日　　期 | 题目与内容 |
| 1月2日 | 巧巧手美劳加工厂——亲子折纸秀 |
| 1月5日 | 童心影视窗mini场——《舒克和贝塔》7—8集 |
| 1月5日 | 今天由我讲故事 |
| 1月12日 | 巧巧手美劳加工厂——立体百科全书拼插 |
| 1月12日 | 阅读故事发现会——跟随《闪电球探长》周游世界 |
| 1月19日 | 走进首都图书馆新馆 |
| 1月19日 | 家教创享园——《儿童阅读兴趣五步走》 |
| 1月22日 | 童心影视窗mini场——《天书奇谭》 |
| 1月23日 | 北京之光"首图动漫在线" |
| 1月23日 | 北京之光"送福到家" |
| 1月24日 | 播撒幸福的种子故事会 |
| 1月29日 | 成长课堂——《孝经》的故事 上篇 |
| 1月31日 | 《大鬼小鬼图书馆》绘本剧 |

续表

| 首都图书馆少儿馆2013年阅读活动列表 | |
|---|---|
| 日　　期 | 题目与内容 |
| 2月2日 | 北京之光"首图动漫在线" |
| 2月2日 | 北京之光"巧巧手美劳加工厂——制作飞机模型" |
| 2月4日 | 北京之光"首图动漫在线" |
| 2月4日 | 北京之光"巧巧手美劳加工厂——制作飞机模型" |
| 2月5日 | 成长课堂——《孝经》的故事　下篇 |
| 2月5日 | 送福到家 |
| 2月7日 | 今天由我讲故事 |
| 2月7日 | 童心影视窗mini场——《中国十二生肖》 |
| 2月14日 | 走进首都图书馆新馆 |
| 2月14日 | 成长课堂——跟段老师闯北极之"冰雪世界里的可爱动物" |
| 2月19日 | 播撒幸福的种子故事会 |
| 2月19日 | 阅读故事发现会——"可怕的科学"之《危险地球》 |
| 2月21日 | 阅读故事发现会——温妮女巫的魔法派对 |
| 2月21日 | 童心舞台 |
| 3月2日 | 童心影视窗mini场——《绿野仙踪》 |
| 3月2日 | 成长课堂——跟段老师闯北极之"极圈向北，开满鲜花的地方" |
| 3月9日 | 今天由我讲故事 |
| 3月9日 | 成长课堂——《注意力——非静无以成学》 |
| 3月16日 | 巧巧手美劳加工厂——亲子折纸秀 |
| 3月16日 | 家教创享园——《做最好的父母》 |

| 首都图书馆少儿馆2013年阅读活动列表 ||
|---|---|
| 日 期 | 题目与内容 |
| 3月23日 | 播撒幸福的种子故事会 |
| 3月23日 | 阅读故事发现会——《小乌龟、小玻人偶故事会》 |
| 4月6日 | 今天由我讲故事 |
| 4月6日 | 家教创享园——《谁的孩子？谁养？》 |
| 4月13日 | 巧巧手美劳加工厂——亲子折纸秀 |
| 4月13日 | 阅读故事发现会——大奖章奇幻体验课堂《我要吃掉你》 |
| 4月20日 | 童心影视窗mini场——《小公主》上 |
| 4月20日 | 童心影视窗mini场——《小公主》下 |
| 4月27日 | 播撒幸福的种子故事会 |
| 4月27日 | 成长课堂——《动物之美》 |
| 5月4日 | 童心影视窗mini场——《E.T.外星人》上 |
| 5月4日 | 童心影视窗mini场——《E.T.外星人》下 |
| 5月11日 | 巧巧手美劳加工厂——《送给妈妈的礼物》 |
| 5月11日 | 阅读故事发现会——给妈妈的红果子《永远永远爱你》 |
| 5月16日 | 别样课堂在首图——北京市宣武回民幼儿园专场 |
| 5月18日 | 今天由我讲故事 |
| 5月18日 | 家教创享园——《绘本中的儿童心理学》 |
| 5月18日 | 北京市青少年科普剧比赛 |
| 5月25日 | 播撒幸福的种子故事会 |
| 5月25日 | 成长课堂——《儿童数学智力潜能开发》 |

续表

| 首都图书馆少儿馆2013年阅读活动列表 ||
|---|---|
| 日　　期 | 题目与内容 |
| 6月1日 | 童心影视窗——《冰河世纪3》 |
| 6月1日 | 童心舞台 |
| 6月2日 | 阅读故事发现会——《点亮孩子童年的中国经典民间童话1》 |
| 6月2日 | "经典少年游"——少儿诗词朗诵大赛 |
| 6月8日 | 2013年"红读"活动——"传承中华美德　共圆中国梦想"讲故事比赛 |
| 6月10日 | 巧巧手美劳加工厂——端午折龙舟 |
| 6月10日 | 红红姐姐讲故事 |
| 6月15日 | 播撒幸福的种子故事会 |
| 6月15日 | 2013年"红读"活动——"传承中华美德　共圆中国梦想"讲故事比赛 |
| 6月18日 | 别样课堂在首图——西城区康乐胡同小学 |
| 6月19日 | 别样课堂在首图——惠森国际幼儿园 |
| 6月19日 | 别样课堂在首图——惠森国际幼儿园 |
| 6月22日 | 今天由我讲故事 |
| 6月22日 | 2013年"红读"活动——"传承中华美德　共圆中国梦想"讲故事比赛 |
| 6月29日 | 家教创享园——《7步读懂图画书》 |
| 6月29日 | 2013年"红读"活动——"传承中华美德　共圆中国梦想"讲故事比赛 |
| 7月6日 | 童心影视窗——"中国经典故事影片"之《金色的海螺》 |

续表

| 首都图书馆少儿馆2013年阅读活动列表 ||
|---|---|
| 日　期 | 题目与内容 |
| 7月6日 | 今天由我讲故事 |
| 7月13日 | 巧巧手美劳加工厂——亲子折纸秀 |
| 7月13日 | 红红姐姐讲故事 |
| 7月16日 | 阅读故事发现会——《跟着线走》——我们的小相框 |
| 7月16日 | 点亮孩子童年的经典童话 之《趣味动物童话》 |
| 7月18日 | 童心影视窗——"中国经典故事影片"之《马兰花》 |
| 7月18日 | 成长课堂——《走进葫芦丝的世界》 |
| 7月23日 | 成长课堂——《人生规划在童年》 |
| 7月23日 | 阅读故事发现会——《夏日的一天》 |
| 7月27日 | 深度感受图画书阅读沙龙——《公主四点会来》 |
| 7月30日 | 今天由我讲故事 |
| 7月30日 | 播撒幸福的种子故事会 |
| 8月1日 | 红色经典故事会 |
| 8月1日 | 童心影视窗——共赏红色影片《红孩子》 |
| 8月8日 | 成长课堂——《快乐学数学》 |
| 8月8日 | 点亮孩子童年的经典童话 之《格林童话》 |
| 8月10日 | 家教创享园——《和孩子一起玩艺术——绘本中的儿童美育》 |
| 8月13日 | 童心影视窗——《车车加油》 |
| 8月13日 | 巧巧手美劳加工厂——亲子拼装四驱车大赛 |
| 8月15日 | 阅读故事发现会——《和小狗奇普一起成长 》 |

续表

| 首都图书馆少儿馆2013年阅读活动列表 | |
|---|---|
| 日　　期 | 题目与内容 |
| 8月15日 | 成长课堂——《从故事中学习昆虫知识》 |
| 8月20日 | 今天由我讲故事 |
| 8月20日 | 播撒幸福的种子故事会 |
| 8月22日 | 童心影视窗——"中国经典故事影片"之《宝莲灯》 |
| 8月22日 | 童心舞台 |
| 9月7日 | 阅读故事发现会——《不一样的卡梅拉》 |
| 9月7日 | 成长课堂——《相约绘本海洋馆 探寻生命的奥秘》 |
| 9月14日 | 童心影视窗mini场——教师节观影之《烛光里的微笑》 |
| 9月14日 | 阅读故事发现会——和小火车托马斯一起学习时间管理 |
| 9月21日 | 红红姐姐讲故事——中秋故事会 |
| 9月21日 | 阅读故事发现会——《亲亲自然》 |
| 9月28日 | 今天由我讲故事 |
| 9月28日 | 家教创享园——家园共育下的早期阅读 |
| 10月6日 | 阅读故事发现会——在远方：如何自由阅读一本无字书 |
| 10月6日 | 家教创享园——为人父母与有效家长 |
| 10月10日 | "红读"活动藏书票设计 |
| 10月11日 | "红读"活动读书小状元 |
| 10月12日 | "红读"活动摄影比赛 |
| 10月12日 | 红红姐姐讲故事 |
| 10月12日 | 巧巧手美劳加工厂——亲子折纸秀 |
| 10月15日 | 别样课堂在首图——板厂小学专场 |
| 10月16日 | 别样课堂在首图——牌坊小学专场 |
| 10月17日 | 别样课堂在首图——南磨坊小学专场 |
| 10月19日 | 今天由我讲故事——我与首图的故事 |

| 首都图书馆少儿馆2013年阅读活动列表 ||
| 日　期 | 题目与内容 |
| --- | --- |
| 10月19日 | 阅读故事发现会——《幸运先生和不幸女士》 |
| 10月21日 | 红红姐姐讲故事 |
| 10月22日 | 别样课堂在首图——南磨坊小学专场 |
| 10月23日 | 红红姐姐讲故事 |
| 10月25日 | 红红姐姐讲故事 |
| 10月26日 | 播撒幸福的种子故事会 |
| 10月26日 | 成长课堂——《狂野非洲之野生动物的"伊甸园"》 |
| 10月28日 | 红红姐姐讲故事 |
| 10月29日 | 别样课堂在首图——南磨坊小学专场 |
| 10月30日 | 红红姐姐讲故事 |

　　我们上面说了众多的营销推广渠道，但是从根本目的上讲，其实都是通过这些具体的渠道和形式最终实现图书的口碑营销。尤其在举办巡回演讲签售这样一种现场销售收入不抵活动费用的方式中，这一目的就表现得更加清晰了：通过大规模密集的演讲签售，让更多读者购买图书，通过亲自阅读从而喜欢作品，并向其他人推荐该书。只有作品真的受到读者喜欢，才可能有销售后劲，否则图书的生命力只能持续到上市之初的第一波宣传结束。

　　尤其在读者已经变得越来越理性，更加倾向于向周围人了解关于图书的信息，避免直接体验带来的风险和成本的时候，口碑营销这种根植于民间口耳相传的消费过程起的作用就变得更加关键，因为口碑营销的话语权不是掌握在广告人手里，而是扎根于"草根"，所以对读者来说更具有可信度。

所以我们需要在豆瓣网的图书页面发表高质量的书评，在网上书店的图书购买页给予正面评价，在微博上发私信让尽量多的朋友转发关于图书的信息，这都能够给考虑购买图书的读者以正面的鼓励，促进购买行为的发生。

但由于口碑有正向和负向之分，因此网络口碑同样也是把双刃剑，它可以成就出版社和图书的形象，也可能让出版社付出惨痛代价。在进行网络口碑营销过程中，千万不能忽视图书和服务质量的提升，因为它是良好口碑的根基。弄虚作假虽然可以蒙蔽一时，但网友的智慧却是不容小觑的，曾经一度在各网站论坛上"书托儿"泛滥（出版社雇佣网宣人员对图书做大量夸张不实的赞美），后来也都被网友自发组织的"反书托小组"揭发，落得书托ID被封禁、书托所建小组被解散、书托评论文章被删除，图书获得负向口碑的结果。

## 关于图书打榜

虽然来自于"草根"的口碑营销是最有效的营销手段，但是在我们这个竞争激烈、行业约束不足的环境下，很多人在口碑营销上动起了歪脑筋，通过各种方式进行图书"打榜"在近些年蔚然成风，从成人读物向少儿读物蔓延，形成了一种非常畸形的图书营销风潮。

关于这一点，笔者曾写过一篇文章，该文章对图书"打榜"的缘起和方式都做了详尽描述，在此将文章附上，就不另作赘述了。

虚假宣传频现出版界，排行榜让人不可相信

## 图书排行榜也要打假

2005年，我国书业因《没有任何借口》而引爆的伪书风波遭遇全社会对书业的诚信危机，出版社伪造作家、伪造销售成绩、欺骗读者，严重影响到中国出版界的声誉，在国内外都造成了不良影响，在这一背景下，行政部门查收干预和治理，伪书之风得以刹住，书业欺骗消费者的虚假作风得到遏制。

然而时隔五年，一方面伪书又开始死灰复燃，如前不久，署名为广州美术学院杨之光、陈金章等多位教授集体编著的《岭南画派技法范本》被杨之光本人揭发系伪书；随后，华东师范大学中文系教授陈子善对辽宁教育出版社出版的《夜莺与玫瑰》提出质疑，认为这是一本打着林徽因旗号的伪书。另一方面，另一种虚假宣传的图书营销手法"打榜"，被越来越多的书商甚至正规出版社竞相效仿，在图书出版业蔚然成风，俨然成了图书出版业的常规营销手法。

对于伪书，出版方尚且遮遮掩掩、三缄其口，而对于打擦边球的"打榜"，受访的各出版方则理直气壮地称其不同于"买榜"这种欺骗，只是一种正当的营销手段。呈现出出版业受市场化意识矫枉过正，文化产业中文化良知被经济利益边缘化的不良趋势。

## 从被迫而生到趋之若鹜的图书"打榜"

所谓图书"打榜"，就是出版方在图书出版后，通过在一些书店大规模回购自己出版的新书，以求图书能够保住在书店的最佳销售展示位置，并登上书店的销售排行榜，继而进一步影响该书在全国图书销售排行榜的名次，从而达到吸引读者注意，推动销售的目的。

从"打榜"者本身的出发点来说，最初往往是出于对所出版图书的苦心经营，尤其是在当前我国图书年出版规模突破30万种，而卖场销售陈列面积增长有限，且图书上架周期日益缩短的情况下，"打榜"就成了一种应时的无奈之举。

　　比如对于一些新人新作，出版方往往因为图书及作者本身缺乏新闻亮点而缺少通过媒体进行图书宣传的机会，使图书难以得到较好的卖场陈列展示机会。为了给书店造成图书动销的假象，一些出版商就通过或明或暗的形式回购图书来"打榜"，使得单位时间里"打榜"图书给书店创造了较高的销售码洋，继而为该书在"打榜"期间或"打榜"结束后一段时间内给予了较佳的销售展示位置。而由于有70%左右的读者是在逛书店时随机发现自己喜欢的图书并购买的，所以好的销售展示位置就是推动图书实际销售机会的最大广告位，所以"打榜"行为为图书增加了被看见继而被购买的机会。

　　然而在这种最初的尝试给出版方带来甜头后，一些出版方对"打榜"这一手段的运用开始更为极端，将制造动销假象保证图书销售展示作为目标，以求提升图书在销售排行榜单的名次，利用读者阅读的从众心理，借助读者对畅销书榜单的信任，而采取直接投入巨资向书店回购图书的手段。销售一旦达到预期值，其为"打榜"而进行的图书回购所花费的资金则显得并不高昂。这种高投入的做法因一些出版方在一些图书上成功的运作而带来了示范效应。据报道，曾经帮很多民营书商打过榜的王展（化名）提供了一组数据充分说明"打榜"的收益："几年前为某一刚出道的'80后写手'的一本新作'打榜'，这本书定价20元，我给书店的卖价是6折，然后又按照全价从该书店回购500册！此间产生的损耗是4000元。但是通过'打榜'，这部小说最终卖了10万册。"对于最终高额的收益而言"打榜"的花费实是"小菜"。

正是在这样"划算"的投入产出之下，越来越多的民营书商及出版社开始采用"打榜"的手段，出版社甚至对于一些知名作家的作品也因受到激烈的卖场展示位竞争战而被迫采取"打榜"的营销手段。

尤其随着地面书店受网络书店冲击严重，日常经营日益艰难，很多书店对于出版社的新书提出了要求承诺销售保底，不足承诺的销售码洋需出版社补差的怪现状下，与被动补差相比，出版社则宁肯选择主动的图书"打榜"而"一举两得"。其结果造成"打榜"之风日益盛行，"打榜"的操作对象从一些标志性书城扩大到被全国图书销售排行榜采样的书店，以实现使"打榜"图书成为全国图书销售排行榜前十名的目标，"打榜"的胃口越来越大，投入越来越多，带来的"打榜"风气越来越"风靡"出版业，方法上也由直接回购图书演化出向读者赠送购买指定"打榜"图书的购书券等形式，变着花样"打榜"。

很多出版商甚至在长期"打榜"过程中总结出一套自己

的经验，例如什么样的书是通过"打榜"可以推得起来的——总的来说还是要文本具有畅销潜质的书，"打榜"返购要保持怎样的频率，"打榜"的费用投入和通过所要获得的排行榜单位置的统筹平衡如何安排——要用有限的"打榜"费用将在排行榜单上前十名的位次保留尽量多的月度，而不是总是去争取前三名而提前把经费耗尽等。图书"打榜"俨然已经成为一门图书营销的"学问"！

## 打出了销量却丢掉了信誉

表面上看，"打榜"保证了图书的卖场展示机会，使图书有更多被读者看到和了解的机会，使书店在单位时间获得了较高的销售收益，其广告效应和带动作用可能成就一本书的畅销，是一个皆大欢喜的事情。然而事实上，图书"打榜"行为本身和当年的"伪书"行为并没有本质区别，只是在操作手法上更加"高明"，即没有直接伪造、发布虚假信息，而是通过返购这一手段在排行榜单上呈现出虚假畅销状态，误导消费者，其本质仍旧是一种弄虚作假、混淆视听、蒙蔽欺骗消费者的行为，是在国际上普遍受到诟病的商业欺诈行为。

英国出版商皮特·凯瑞表示，在国外，赤裸裸的买榜行径是被绝对禁止的，买榜在一些出版制度成熟的国家是绝对的丑闻，一旦东窗事发，书商和书店的信用度将会遭到空前的质疑，绝大多数只能转行了事。其次，可能的"打榜"行为也会受到书店的监视。如果短时间内突然发生了几笔大规模的团购，那么就会引起书店的警觉，他们会对数据进行分析，对团购者进行甄别。一旦确定团购者即为"打榜"者，那么他们购买的数字将不会被计入销售排行榜。皮特·凯瑞认为，外国书店所采取的方式虽然很复杂，但起码体现了他们保持榜单纯洁性的一份责任。"中国的一些书店缺的就是这份责任感，一方面不肯下那么大的工夫去甄别，一方面即便甄别出来了，他们也未必舍得拒绝别人，他们看重的是这里面的利益。"

而目前我国采用"打榜"手段的出版者还仅仅是从图书的销售角度看问题，认为图书"打榜"是一种像广告的图书营销手段，而有意地回避了这种行为已经严重地牵涉到商业伦理道德，已经严重地损害了大众读者的文化和精神权利。图书"打榜"现象也拷问着书店有没有坚定明确的社会责任和诚信意识。

从法律的角度来看，"打榜"的行为已经构成了对消费者的欺诈，违反了《消费者权益保护法》第十九条"经营者应当向消费者提供关于商品或服务的真实信息，不得做引人误解的虚假宣传"。违反了《中华人民共和国反不正当竞争法》第二条关于"经营者在市场交易中，应当遵循自愿、平等、公平、诚实信用的原则，遵守公认的商业道德"的规定，以及《中国出版工作者职业道德准则》中第六项关于"讲信用，重信誉，平等竞争"的准则。

"打榜"行为破坏出版业正常的市场经营秩序，助长恶性竞争之风的不正当竞争行为，尤其对于坚持商业道德底线、不采取"打榜"手段的出版社和图书而言，是非常不公平的。随着这一风气的增长，越来越多的出版商或主动或被动地被拉入"打榜"营销的泥潭，增加了整个图书行业的图书营销成本，其结果必然是导致这部分成本被转嫁到读者头上，使得图书定价提高，损害读者利益。对于读者而言，"打榜"图书所传达的畅销假象，使得读者在图书选购过程中可能进行错误的选择，从而损害读者的经济利益和精神权益。

也许有人会说，"打榜"只是一种为适应眼球经济时代的手段，只是广告的一种形式，读者不是傻瓜，有着自己的辨识能力，就算是上榜的图书，也会通过翻阅来自己确定是否购买，不会盲从。但事实上，因为每年我国出版的图书多达30多万种，读者要在其中进行选择非常困难，图书销售排行榜不同于易于辨识的广告，它作为一个以图书销量为数据支撑的具有较强公信力的榜单，本身就对读者的购买倾向具有很强的影响力，尤其是读者在选购图书时进行翻阅了解的时间平均只有几分钟。而目前很多"打榜"书的幕后推手对于图书品质的把握并不准确，这就使得一些品质不佳的图书很容易通过"打榜"而流入读者的书柜。而读者在一次次地被"打榜"书欺骗的情况下，在逐渐了解图书"打榜"的行业潜规则后，对于图书业的诚信将再一次产生质疑，书业将再次卷入整个社会对出版业的诚信危机之中。

## 市场化意识矫枉过正是出版业频现诚信危机的源头

为什么我国的图书出版业这样一个始终把社会效益放在首位，力求实现社会效益与经济效益的最佳结合，并在《制止虚假图书，提倡诚实守信》倡议书中明确提出坚决反对唯利是图、见利忘义行为的文化阵地，却在短短五年的时间里，违背诚信原则，进行虚假宣传的行业潜规则一再涌现？我认为主要还是因为我们处在出版业体制变革时期，一方面强调出版社要转变计划经济时代"坐商"的习气，经营管理上要强调市场意识，同时通过逐渐推进的体制改革，将出版社推向了市场。然而一些出版社却在这一转变中从过分强调文化服务属性的极端走向追逐经济效益最大化的极端，在比拼畅销书品种、销量，比拼发货码洋增长率的浮躁风气中有意无意地忽略了出版者所承担的文化责任，丧失了商业伦理道德底线。

另一方面，在这个文化体制转变过程中，原有的法律法规不够完善或过于笼统，管理部门对于图书的监管更多地着眼于内容的导向性等方面，对于营销、宣传等操作层面的关注较少，结果导致了一些出版商在虚假宣传上打擦边球，在"伪书"、"腰封"过度宣传及在"打榜"等方面钻了法律的漏洞。而由于少部分人的不正当市场行为没有得到制止，更多的出版社在激烈的竞争下或被动或主动地也被拖入虚假宣传的不正当竞争行为当中。法律法规中对不正当竞争行为惩罚措施的欠缺，更加重了这种不良风气带来的示范效应。

中国已经以年出书品种成为国际出版大国，但是我们仍不是出版强国，如果在我们的图书内容质量没有征服世界，在我们的图书版权保护仍受到国外诟病的同时，我们一再因为没有及早制止"打榜"而引发书业诚信危机，那么我国书业何以在国际社会立足？"打榜"之风不仅仅是一种营销手段这么简单，它所带来的深远影响关乎行业诚信和国际形象。"打榜"之风必须及早刹住！（常晓武）

## 本课小结：

图书的营销工作有赖于各项推广活动与媒体宣传的配合，

以此产生实质的效用，提升图书的销量。

当前各种图书主流的营销渠道和手段有作者巡回演讲和签售、促销、影视联动、阅读推荐、征文大赛、读书月嵌入、公共图书馆公益阅读活动等等。各类别图书营销渠道和手段各有其优劣，图书营销人员得根据自己所推广图书的产品特点及目标用户，在不同的渠道采用不同的活动组合来实现目标。

但无论是采用哪种渠道和手段，图书营销活动举办的根本目的其实都是想最终实现图书的口碑营销，但近些年来图书"打榜"等弄虚作假手段非常泛滥，这种没有商业道德底线的做法虽然可以蒙蔽一时，但在网友火眼金睛的揭批下所带来的负面口碑效应一旦形成则难以挽回。

# 第 5 课
## 如何评判各类
## 媒体渠道及其效果

在本章里我来谈谈自己对各种媒体渠道及其效果的理解。

在我眼中，有助于图书宣传的媒体类型分为行业媒体、终端媒体和学术媒体三大类。在这三类媒体上刊发宣传资讯的对象不同、目的不同、效果不同。

### 不同行业媒体的读者对象是谁

行业媒体又被分为出版行业媒体和带有行业报性质的终端媒体。《中国新闻出版报》、《中国出版传媒商报》（原《中国图书商报》）、《出版商务周报》、《出版人》、《出版参考》、《中华书目报》、《全国新书目》等均属于标准的行业媒体，而《中华读书报》因对出版业的报道介入较多，虽然其主要读者对象为学者、专家等，但受到出版界的重视，成为行业报性质的终端媒体。

出版行业媒体的读者对象主要为出版业从业者和上级管理部门领导，因各报的定位和所针对的目标人群不同，所以营销推广宣传人员在进行广告投放和新闻稿撰写、刊发过程中要区别对待。

《中国新闻出版报》最主要的读者是新闻出版管理部门领导和出版社、发行集团领导，政策、出版市场态势等是读者最关注的部分。该报对于图书营销人员来说最重要的作用在于汇报出版社在社会效益与经济效益方面的业绩、创新、品牌建设等，对于图书的订货虽然不能产生太大效果，但是对于出版社评级、图书评奖、项目申请等都是能产生潜移默化的影响力的。

《中国出版传媒商报》（原《中国图书商报》）在兼顾上级管理部门读者的同时，以其厚实的内容、深刻的报道和多主题分刊（如《阅读周刊》《营销周刊》《传媒周刊》等），使其在经销商和出版社中具有极其广泛的读者，对于出版社在经销商中品牌的塑造、图书征订数的拉动都有着直接的作用。而据我们之前的一个调查，发现在经销商中，相对于大家普遍重视的可用于刊登新书新闻的大众出版、专业出版等版面相比，《阅读周刊》和《营销周刊》的阅读率反而更高，值得重点关注。可惜的是很多出版社营销人员和编辑忽视了这两个分周刊的高阅读率，图书出版后不积极撰写营销手记和书评，白白浪费了大好的宣传机会。

《出版商务周报》内容更侧重于产品经营方面，读者对象重点在书店采购与柜组营业员，针对这一人群，利用好《出版商务周报》有助于进行针对"中端"的产品培训。另外，由于它承载了出版行业最具影响力的排行榜——开卷图书零售排行榜，因此《出版商务周报》的目标读者关注度最高的栏目是排行榜，其次是头版、出版、要闻和广告。在此次范围并不充分的调查中显示，《出版商务周报》广告版的受关注度高于其他报纸广告版的受关注度，这一点是非常值得营销推广人员注意的，虽然该报总体的浏览量和《中国图书商报》《中国新闻出版报》相比相对逊色。

《出版人》是当前出版业中影响力最强的一份行业杂志，它在产业纵深报道方面具有优势，但是与其优势方面相比，经销商对其资讯、新书推荐、新闻、市场等信息短小简洁的栏目关注度则更高，而书评则是其大版面栏目中关注率最高的，需要推广人员区分对待。

《中华读书报》的目标读者中除了出版业界人士外，最主要的是专家、学者、知识分子等具有较高素养的人群，在它上面进行的各种宣传对相关图书在学术界的口碑树立和评奖等都有潜移默化的作用，而经销商读者中对它的《资讯》《头版》和《业界》等栏目关注度最高，其次是《人物》《刊发》和《书评周刊》等栏目。

## 行业媒体宣传有没有用

当有人问及一些柜组人员行业媒体宣传对他们到底有没有影响的时候，也许会得到令人非常沮丧的回答："我做了这么多年业务就没怎么看过这些行业报。"由此就可以得出行业媒体的宣传是出版社自己跟自己逗闷子，对销售产生不了促进效果的结论吗？如果你做的调查样本稍微多一些就会发现，很多受访人员都认为行业媒体的宣传对于自己在图书征订或卖场陈列、导购时的工作判断有帮助。尤其随着出版社转制的深入，出版业市场化程度越来越高，各出版社在媒体宣传方面的竞争随着市场竞争的加剧也日益白热化。对读者的广告已经不断突破原有窠臼，发展到户外广告、电视广告、电影植入式广告、公交车身广告、公交站牌广告、地铁视频广告等大投入的广告形式，那么针对经销商的产品信息、强化出版社品牌形象的行业媒体广告也只会更加强化而非削弱。

在行业媒体上的广告除了传递产品信息外，广告的频次和版面的大小本身也向经销商和读者反映了出版社对广告图书的重视程度和推广力度，版面的宣传费大多是要计入项目成本里的，只有销售量预期高的图书才能支付得起大版面、多频次的广告发布成本，而出版社在广告费上都花了这么多钱，能不卖力营销吗？如果说对终端读者的广告是为了让读者掏钱买书，那么在行业媒体上针对经销商做的广告，目的则是为了引起经销商重视，增加订数，为图书博得重点陈列的机会。

## 在行业媒体上投放广告宜早宜迟

如果说报纸的选择和版面选择是在追求"地利"与"人和"，那么广告投放时间的选择则是追求"天时"。好的广告发布时机，其实是让"人和"发挥得更为充分。

在读者关注度高的版面，同时也在其注意力集中的时间点刊发广告，能使得受众更广泛。对于图书的日常预热宣传，是提前一年开始进行，还是提前三个月，或者提前一周？都要视图书的具体情况而定。理论上当然是预热时间越长越好，更容易形成市场期待，但这是针对一些具有畅销潜质，并且会有持续不断新闻事件发生的图书才适用。有些图书新闻点不多，如果预热太早，等到图书征订时又没有新闻可发，宣传当中"断了气"，反倒被积极预热所累。这里我们暂且放下这个论题，着眼于展会前后广告投放的时机选择。

有时候在展会广告投放时机上，营销人员会有很多揣测。或者觉得在其他社广告还没扎堆儿投放的时候，越早投广告反倒越醒目，受关注度更高；或者计算着经销商出差前的时间，觉得在经销商准备离开单位奔赴会场时看到报纸广告能获得更深的印象，认为展会期间经销商都在奔走应酬没空看报纸。种种的"或者认为"构成了在投放广告时的难以取舍。而在笔者针对经销商做的一次调查中发现，其实还是越接近展会，经销商对在行业媒体上发布的广告关注度越高；而"展会结束后关注广告刊发"的选项在此次调查中为零。这也正好印证了那句老话"来得早不如来得巧"。

## 行业媒体上硬广告和软广告孰优孰劣

硬广告和软文广告的形式孰优孰劣其实是个挺难评判的问题。硬广告的信息传达迅速、直观、冲击力强；软文广告则介绍详尽具体，效果更潜移默化，各有各的优势。所以不同广告发布形式的选择应该根据不同的需要：如果是以产品信息传达为重点，那么硬广告显然是不二之选。在快节奏的工作状态下，经销商要获得图书的产品信息，硬广告显然更节省时间，内容更精练，卖点展示更直接。而软文广告由于其信息量大，阅读起来需要花费大量的时间，因此在图书产品信息传达上则显得逊色一些。

那么是不是软文广告就不重要了呢？显然不是。当广告的诉求是展示出版社品牌形象时，软文广告更能综合体现出版社的发展思路、战略布局、产品结构等方面。也许这些软文的内容经销商未必会全文仔细阅读，但是好的软文广告题目和小标题及丰富的文字内容就能在短期内使读者形成对该出版社的品牌印象。所以套用三国里"内事不决问张昭，外事不决问周瑜"的句式，行业媒体广告形式选择总体上应是"产品宣传用硬广，企业宣传用软文"。

当然对于一些图书产品的宣传，当需要传达的信息量非常大的时候，软文广告也是非常有使用价值的，在费用允许条件下，软文广告和硬广告配合多频次使用能够使得宣传效果最大化。

行业媒体的广告投放是一个需要营销人员费心思研究的事情，除了在广告发布的内容撰写上需要仔细推敲外，如何对广告投放时间、版面和频次进行配比组合以达到最佳的宣传效果，都需要进行研究和总结。行业媒体广告投放到底效果如何，说到底还是在于投放者这个大厨在烹饪产品这道菜肴时对食材、火候、翻炒等方面的把握。正所谓有巧思无难事，用心烹炒，必能事半功倍，取得最好的广告投放效果。

## 大众媒体

此处所说的大众媒体是区别于行业媒体和针对特定人群的终端媒体而言的综合类公共媒体，包括中央级通讯社、都市报、电视台、广播电台、门户网站、户外广告、手机流媒体等传统媒体和新媒体，其最大的特点是所面对的信息接收对象非常广泛，但对目标人群的信息投送精准化不高。图书营销人员在大众媒体发布信息的目的在于实现图书信息或作者信息的最大化社会覆盖，达到广泛告知的目的，希求形成社会话题，提高公众对该图书所涉及主题或作者的公众聚焦，进而实现对细分目标人群的购买刺激。

这样的媒体非常多，各细分门类中和图书营销相关的媒体此处仅举发行量和影响力最大的一些供图书营销人员参考：

中央级通讯社：新华通讯社、中国新闻社。中央级通讯社最大的好处在于一篇稿件的发表往往能带来各地方媒体和大量网络媒体的转发，传播效率极高。

都市报：《北京晚报》《北京青年报》《新京报》《京华时报》《解放日报》《新民晚报》《广州日报》《羊城晚报》《南方都市报》《深圳特区报》《扬子晚报》《大河报》《楚天都市报》《城市快报》《燕赵都市报》《成都商报》《华西都市报》《华商报》《海峡都市报》《春城晚报》等。

电视台：中央电视台新闻频道、中央电视台科教频道《子午书简》栏目、各地方电视台新闻中心、北京电视台青少频道《书香北京》栏目、北京电视台青年频道《北京青年》栏目、凤凰卫视《鲁豫有约》栏目、东方卫视《可凡倾听》栏目、河北卫视《读书》栏目、郑州教育电视台《关注》栏目等。

广播电台：中央人民广播电台文艺之声《长书短读》栏目、北京人民广播电台故事广播《读书俱乐部》栏目、天津人民广播电台小说广播频道、河南电台信息广播《开卷三十分》栏目、北京人民广播电台故事广播、上海故事广播、合肥故事广播、辽宁故事广播等。

门户网站：新浪文化读书频道、腾讯读书频道、搜狐读书频道、网易读书频道、中华网读书频道、人民网读书频道、中国经济网读书频道、中国网读书频道、凤凰网读书频道、和讯网读书频道、国际在线文化频道、千龙网读书频道、深圳新闻网读书频道、中国新闻网文化频道、北方网文娱频道等。

户外广告：框架传媒（中国最大的电梯平面媒体运营商）、白马广告（主营候车亭媒体）、华视传媒（拥有中国最大的户外数字电视广告联播网，户外广告覆盖公交、地铁、楼宇电视等）、北广传媒移动电视（公交电视、出租电视、社会车辆电视等地面移动数字电视广告运营商）等。

手机流媒体：12580生活播报彩信报（手机功能机时代高峰时4000万日用户）、3G门户、腾讯新闻客户端等，其中随着智能手机的普及，手机报的辉煌时代已过，但智能手机新闻客户端中，腾讯新闻客户端的文化频道需用户主动添加，而网易新闻客户端、搜狐新闻客户端则完全没有设置文化频道，搜狐新闻客户端仅有以网络原创为主的小说频道，不由得不让人慨叹在移动互联网时代图书信息传播的媒体平台越来越狭窄了。

虽然从广告学的角度来说针对目标受众的精准投放效率最高，但图书营销中，除了在终端媒体上进行信息投送外，在图书的非目标群体所关注的大众媒体上，也要进行适当的信息投送，以和精准的投送相呼应，起到造势的作用。图书本身就是社会文化产品，具有社会讨论的话题性，当其在大众媒体上形成社会话题时，往往才能在更广泛的社会层面上引起阅读兴趣，从而真正刺激起目标读者的购买欲望。

如接力出版社在推广"暮光之城"系列图书时，并没有把宣传仅仅局限在该书最主要的读者对象（中学生）所阅读的媒体上，而是多轮次的在都市报、电视、时尚杂志、手机报上进行宣传，加上电影大片的全球热映，这才逐渐形成全社会对该书的话题的热议，在目标读者中形成购买热潮，同时还扩大了读者人群，增加了大学生、都市白领等人群，成就了该系列图书360多万册的销售成绩。

而当年《狼图腾》所引发的关于企业"狼性"的社会话题，以及《细节决定成败》《没有任何借口》等所引发的社会话题以及随后所带来的巨大的图书销量，很大程度上都是得益于大众媒体的传播而非特定目标受众的终端媒体的传播。

## 终端媒体

此处的终端媒体是特指针对图书特定目标读者细分人群的特定媒体，虽然在媒体平台上往往和大众媒体有重合之处，如同样分为报刊、电视、广播、网络、手机流媒体等，但因其具有很强的针对性，传达方式更贴近目标受众的喜好，因而信息的传达与接受效果更好。如《父母必读》针对年轻父母，《中国少年报》针对小学高年级学生，《中学生阅读》针对中学生读者，《时尚伊人》针对都市白领女性，《时尚健康Men's Health》针对都市白领中的男性等。根据图书所针对的不同读者，在这些媒体上有选择地进行广告投放和图书信息刊发，能起到拉动图书销售的效果。

以下所选列媒体均为在该细分类中发行量或影响较大，且具有文化版，能开展图书宣传或进行作者专访的媒体，一些发行量极大但无图书宣传合作机会的媒体未在此列入。

少儿报刊：《中国儿童报》、《中国少年报》、《中国少年儿童杂志》、《儿童文学》、《语文报》、《语文周刊》、《我们爱科学》、《幼儿画报》、《小学生拼音报》、《中国少年英语报》、《小学生学习报》、《中国儿童画报》、《课堂内外》、《21世纪英文报》、《北京少年报》（北京）、《红领巾报》（天津）、《少年日报》（上海）、《当代学生》（上海）、《儿童时代》（上海）、《现代少年报》（湖北）、《小学生世界》（浙江）、《少年儿童故事报》（浙江）、《蜜蜂报》（云南）、《深圳青少年报》（深圳）等。

父母报刊：《父母必读》、《父母》、《母子健康》、《亲子》、《娃娃画报·年轻妈妈之友》、《育儿周刊》、《为了孩子》、《婴儿&母亲》、《当代家庭教育报》等。

青年期刊：《中学生》、《中学生阅读》、《上海中学生报》、《读者》、《意林》、《青年文摘》、《格言》、《萌芽》、《希望》、《南风》、《男生女生》、《今古传奇》、《女友》、《北青周刊BQ》、《外滩画报》、《环球时报》、《青年参考》、《新周刊》、《漫友》、《动漫贩》、《24格》、《公主志》等。

时尚期刊：《VOGUE服饰与美容》、《时尚伊人COSMOPOLITAN》、《瑞丽》、《昕薇》、《时尚健康》、《智族GQ》、《时尚先生》、《时尚健康Men's Health》、《风度Men's Uno》、《1626》、《YOHO潮流志》、《milk新潮流》等。

电视台与广播电台：中央电视台少儿频道《新闻袋袋裤》、《宝贝一家亲》，中央人民广播电台文艺之声《睡前故事》，北京人民广播电台爱家广播《毛毛狗的故事口袋》等。

垂直网站：

亲子育儿类　新浪网亲子频道、搜狐网母婴频道、红孩子论坛、宝宝树育儿网、小野人亲子活动网、宝宝地带亲子网、宝宝快乐岛儿童电子书城、红泥巴村儿童网、小书房公益儿童阅读网。

少儿类　腾讯网儿童频道、中国青少年新世纪读书网、中少在线、中国少年雏鹰网、一起学网、小学生学习网、蓝袋鼠亲子文学原创网站、牵牛花儿童文化网、小飞鱼儿童文学网等。

青春类　豆瓣网、榕树下、起点中文网、红袖添香等。

对于如何开展媒体调研从而掌握扩充媒体的方法，美国作家乔迪·布兰科著的《图书宣传》（河北教育出版社 2005年7月第一版）一书中第九章《媒体调研的秘诀技巧》给出了非常详细而有借鉴意义的指导，感兴趣的朋友可以从中找到一些帮助。

## 不同媒体渠道对读者的影响力

除了在媒体选择上需要下功夫研究外，作为图书营销人员，还应该了解针对不同年龄层读者，何种类型的图书宣传信息更能够对其产生影响力。

根据开卷提供的《开卷全国图书零售市场读者调查报告》（2010年）显示，针对18岁以上读者，图书内容简介、熟人推荐和网络评价是对读者购书影响最大的三个因素，然后就是书店的新书推荐，所以卖场展示是图书销售实现最重要的临门一脚。撇去发行负责的这部分，我们看到，图书排行榜、促销打折、作者知名度、书评文章、营业员推荐等都是排在前列的影响因素，而新闻曝光度对地面店调查的读者来说能构成一定影响力，但对网络调查的读者来说其影响力却是零！而图书广告宣传则排到受访读者提及率的倒数第二名。

这个调查结果貌似给予我们这些推广宣传人员很大打击，原来我们投入大量资金和精力所做的各种图书广告宣传的作用如此微乎其微，新闻曝光度这一因素在网络读者调查中提及率为零的事实更是对我们工作的全盘否定！

但我认为我们应该树立自信心，正确看待这一结果。首先，书评文章的高提及率是我们图书宣传工作有价值的一个有力证明，并且引导我们在宣传推广工作中还是要以展示内容、引导读者为方向开展工作。而熟人推荐的高提及率则说明图书的宣传归根到底要靠口碑的传播。在图书上市初期，要想形成口碑，就要有首批读者，这就需要我们通过各种方式和渠道将首批图书信息传播出去，让图书销售出去。媒体上的图书上市新闻报道、报刊上的图书推介、图书广告宣传等我们花了那么多的精力所做的这一切，其目的就是为了以最大的覆盖度和多样的形式将图书信息传递给终端读者，为卖场展示这临门一脚传好球。

　　信息的传递渠道和方式是复杂曲折的，前期的新闻报道、广告宣传都是所有信息发出的源头。尤其是当媒体报道到达一定程度的时候，才会引起媒体对于采访作者的兴趣，作者知名度这一对读者购书产生重要影响作用的因素才能发挥其应有的作用。我们只需要清楚地认识各个因素对读者购书影响力的大小，更好地运用我们的营销手段，以类似于调配综合咖啡的手法，让所有方式方法形成合力，达到最好的效果。

　　在这里，我要特别将6—18岁读者图书信息获取渠道及购书习惯提出来，因为我们在2011年11—12月针对这一年龄段的读者调查中显示出另一些特点。在调查中我们看到，青少年更习惯于接受直观、简洁的图书信息传递方式，如影视剧改编、图书推荐、网络评价推荐等，而我们原以为效果非常好的图书连载、作家访谈、网络连载等大版面的图书信息传达方式则显得冗长，不易于对青少年读者的购买行为产生直接刺激。与成人读者排斥新闻炒作与广告不同，青少年读者还是乐于接受关于作家和图书的新闻报道及彩色广告的信息传递方式的，究其原因还是在于直观、简洁、迅速传递，需要我们特别注意。

　　好了，到此为止，我把针对基层的图书营销人员应掌握的全部重点技能都和盘托出了，下面的两章是针对具有更高职业追求者的进阶篇，我不会像之前的五章一样事无巨细地进行技能传授了，而会采用较为原则性的描述及案例进行启发，因为这个阶段能力提升靠的已经不是教，而是悟了。

### 本课小结：

有助于图书宣传的媒体类型分为行业媒体、终端媒体和学术媒体三大类。

其中出版行业媒体的读者对象主要为出版业从业者和上级管理部门领导。

在行业媒体上投放广告的一个重要目的是为了引起经销商重视，增加订数，为图书博得重点陈列的机会。这就需要在广告的发布形式和时机上下功夫。

一般来说对图书的预热时间越长越好，更容易形成市场期待，但也要防止预热过程中图书新闻点没接上，宣传当中"断了气"，造成之前大量预热投入白白打了水漂。

针对展会的广告投放则是会前好于会中和会后，广告的形式选择上，产品宣传宜用硬广告，企业品牌宣传宜用软文。

大众媒体包括了中央级通讯社、都市报、电视台、广播电台、门户网站、户外广告、手机流媒体等传统媒体和新媒体，其最大的特点是所面对的信息接收对象非常广泛，对目标人群的信息投送精准化不高，但在大众媒体上进行宣传有助于制造舆论，形成社会话题。

终端媒体针对图书特定目标读者细分人群，信息的传达方式更贴近目标受众的喜好，信息的传达与接受效果更好。

据调查显示，影响读者（地面调查人群）对图书的选择因素按照提及率先后次序排列是：图书内容介绍、熟人推荐、网络评价、书店新书推荐、作者知名度、图书排行榜、促销/打折、书名、图书价格、书评文章、新闻曝光度、营业员推荐、原版引进、出版社知名度、签名售书、书封面广告语、图书装帧设计、图书广告宣传、其他。图书营销人员需要据此来合理安排自己的营销发力方向。

# 第 6 课
# 如何应对新产品板块的"营销课题"

如果看到这一章的标题你有阅读的迫切感的话，恭喜你，看来你已经升职或离升职不远了。因为你已经开始要从部门发展的角度，对一些新增产品版块的业务进行营销课题的思考了，你肩上的责任更重了。

对新上马的产品板块的调研扎实与否，以及最终提出的针对本单位新产品板块可采取的营销模式，将具有重要的战略指导意义，它可能决定了新产品板块的成败——如果从调研结论中给出的方向错了，越努力则会使得效果越适得其反，南辕北辙。

## 何谓市场调研

市场调研，是以系统的科学方法（如抽样设计等）搜集市场资料，并运用统计方法分析这些市场资料，以得到所需有用信息的过程。

不同于那种随意的、偶然的、事先没有计划的市场信息搜集行为，市场调研是一种系统的市场信息搜集活动，既有深思熟虑而后确定的明确目标，又有为实现这些目标而精心设计的规范的方法与步骤，也有配合这些方法与步骤周密的资源配置安排。

市场调研是一种通过特定信息将消费者（顾客、客户和公众）与营销者（生产商、销售商）联系起来的手段。所搜集整理的信息将被用来指导营销方案的确立，构思、改进和评估营销举措，监测营销绩效，增强人们对营销过程的了解。

具体来看，市场调研对营销管理的重要性表现在五个方面：提供作为决策基础的信息，弥补信息不足的缺陷，了解外部信息，了解市场环境的变化，了解新的市场环境。

通过市场调研，能够让该产品生产或提供服务的企业了解消费者对产品或服务质量的评价、期望和想法。

按照新产品上市流程，市场调研可以分为以下几类：

**竞争对手调查**：此类调查针对性强、意义重大，一般可通过二手资料搜集、内部资料研究等进行开展。

**产品测试**：产品测试为应用最广泛的市场调研之一，主要测试对象包括产品口味测试、包装及价格等。

**市场细分研究**：市场细分与产品（品牌）定位是营销活动中不可分割的一对孪生兄弟。市场细分的目的是为了区别对待有着不同需求的消费者，以便为他们提供合适的产品。

**消费者行为研究**：消费者行为研究的目的是洞悉隐藏在消费者行为中的影响消费者购物的要素。

**行销环境研究**：行销环境包括总体经济环境、行业环境等。生产商只有做到对市场心中有数，才能保证新产品或服务推广上市的胜率。

**广告测试**：具体报告广告内容的定性探究、广告播送后的回顾以及广告内容的回顾等。

**满意度研究**：满意度研究一般是等间隔的连续监测顾客对企业所提供产品或服务的满意程度，有时还要结合各种旨在提高满意度的措施测定满意度水平的变化。

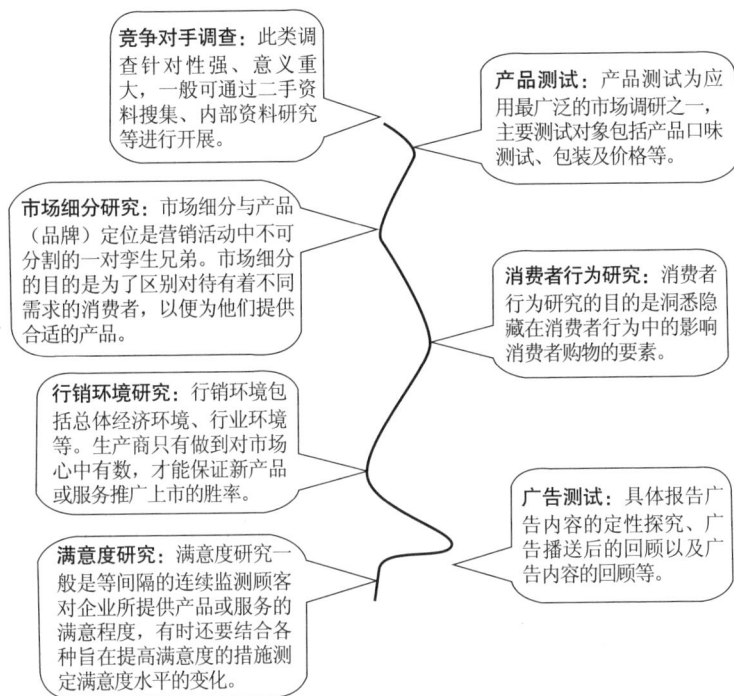

市场调研的基本流程包括：

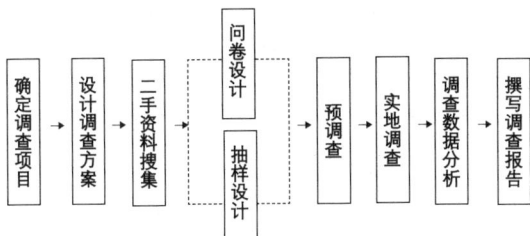

确定调查项目 → 设计调查方案 → 二手资料搜集 → [问卷设计 / 抽样设计] → 预调查 → 实地调查 → 调查数据分析 → 撰写调查报告

针对调研，已有大量的专著来教你如何进行科学缜密的调查研究。在本章中，我只根据自己对新产品板块的营销调研心

147

得，总结一些概要性的做法，并以一个实例来说明，应该会有助于你快速地进行调研操作。

## 开展营销课题调研的步骤

当你面对一个新的产品板块所带来的新营销课题时，首先你要开展一些基础性的调研工作，知道公司为什么要上这个新的产品板块，这个新的产品板块从产品内容、形式、目标人群等方面有什么特殊之处，它从诞生到目前经历了哪些阶段，让自己对研究对象有一个背景了解。这部分信息的获取最好通过公司主抓生产的总编辑或副总编辑、策划编辑，以及通过网络搜索进行的文献调研来实现。

与总编辑或副总编辑的谈话可以让自己从战略层面更好地理解本公司拓展这一新板块的战略布局意图，从而使得自己的调查研究更加具有针对性。与策划编辑的谈话往往比较零碎不够全面，但获得的都是关键性的索引，能使自己在之后的文献调研中更加具有针对性，从而提高搜索效率。而最终的文献调研则是让你把之前了解到的各片段信息索引进行连接整合的过程。这一系列初步调研能让你对新产品课题从完全陌生到初步了解的程度。

此时，你就该开始进行第二步的全面调研了。首先你要拟出调研的方案，它至少应该包括调研展开的各个阶段，调研的方法——文献调研、市场考察还是访谈了解，调研的人员构成，调研报告的内容框架，调研的费用预算等等。在你脑子里已经清楚调研报告最终呈现的形式和各个小标题下的内容量，只差填充具体内容了。

然后，你需要在公司领导的协调下成立一个跨部门的项目调研小组，把针对该产品板块的相关人员拉进来群策群力，发挥每个人在该课题不同领域的不同资源优势——有的人与某位在这方面有所研究的专家熟悉，有的人与其他有此产品线的单位的编辑或推广人员熟悉，有的人与有此选题业务的版权代理机构熟悉等等，然后采取分配或认领的方式，由调研小组人员分别就某一方面的内容进行分主题调研，并约定调研内容完成的时间、调研报告提交的时间及报告的格式规范、语言风格等，确保各人分头开展的调研内容扎实，最终的文稿格式和语言风格等具有较强的一致性，便于最终的统稿，提高效率。

第三步，就是你根据各调研小组人员提交的分主题调研报告，按照既定的调研报告整体框架将其进行汇总整理，在此基础上通过小组讨论来拟定适合本单位的该产品板块市场推广的模式，此时罗列的模式要尽量全面，供管理层参考决断。

最后一步，就是要进行调研报告的汇报，并由公司管理层进行营销推广模式的最终选择和工作布置——营销是一个企业战略性的系统工程，需要编辑部门、发行部门、推广部门等全公司各部门从理念到政策、从资源配置到工作执行等方面进行全面布局，不是依靠市场营销部门一己之力就能实现的，所以公司管理层的理解、支持和最终的部署，是决定整个调研能否成功、能否真正实现价值的关键。

在开展业务调研的同时还有几个注意事项，首先是对文献的调研、摘抄和使用不要过于学究气，不要怕报告中进行了抄袭。因为这只是公司内部调研文件而非公开发表，所以不必为了避免抄袭而花费巨大的精力进行表述方式的转化——要进行公开发表时则需要取得原作者的授权并做明确的引文标注才可。其次要注意在呈现最终报告时，一定要对调研小组各个成员的贡献给予充分的体现，忽略他人的贡献会让人觉得你有居功自傲之嫌，会让你在这一次调研后就得罪了公司一批人。

市场调研这套理论我在这里说多了都是班门弄斧，谨在此列出2008年我主持的一个图画书版块的市场调研报告供各位参考。

这次调研的背景是急于找到应对新的一年本社即将上市的大量图画书营销工作而开展的竞争对手调研，并据此找寻本社图画书营销模式。由于时间仓促且已经是在出版社确定进入该细分板块市场的决策后开展的针对营销模式的专项调研，因此从严格意义上的市场调研角度来看，在市场数据搜集与分析、消费者采样与反馈、SWOT分析等方面都非常欠缺，而将重点仅放在了急于要想掌握的图画书发展历程及竞争对手营销模式上了。很多内容现在看来已经过时了，但在当时该跨部门的课题调研组所做的这一调研报告对于2009年我所在出版社的图画书市场营销工作还是起到了非常重要的指导意义。

相信你在接到这样的调研课题任务时多半面临着跟我当时一样的紧急情况——没有留给我们充足的市场调研时间但却要立刻找到开展特定板块产品营销的模式，那么相信本文还是能够给你带来一些参考借鉴的。

## 我国图画书发展现状和推广模式浅析

常晓武、曹敏、冯海燕、王淑红、

唐玲、谢逢蓓、代萍、马婕

图画书市场，是近年来迅速崛起的出版市场，不仅中国少年儿童出版社、二十一世纪出版社、明天出版社等专业少儿社推出大量图画书产品大举进入该市场，外研社、中国电力出版社、贵州人民出版社或通过自组，或通过与蒲蒲兰、启发文化等民营工作室合作，也纷纷涉足图画书出版领域，图画书出版呈现出市场需求旺盛、竞争日益激烈、营销手段不断丰富的局面。

我社作为一家追求卓越的出版社，多年来在少儿出版领域具有较强前瞻性，在2005年便已经涉足图画书出版，曾经推出过《活了100万次的猫》、"阿罗"系列等。虽然这些书在引进之初并没有取得理想的业绩，但是随着近些年图画书阅读氛围和市场的逐渐形成，这些图书逐渐表现出应有的市场价值，创造了骄人的业绩。

2008年以来，我社推出了一大批图画书新品。2009年，新品品种数甚至要高达100多种，面对这样大量的产品线，我们过去对图画书的宣传推广模式就显得过于单一和羸弱。

为了使我社2009年图画书推广能够与图画书生产能力相匹配，能够让我社图画书的社会价值和市场价值得到最佳的发挥，我们从2008年10月起发起了对我国图画书发展现状和推广模式的调研，各编辑部、国际部、推广部分头出击，对我国图画书发展历程、国内外图画书出版强势机构及其推广模式进行了调研，并在总结我社过往图画书推广经验的基础上，提出可供我社采纳的图画书推广模式，希望能够为我社图画书找到有效的推广模式，培育市场、参与竞争、占据优势地位。

现将调研结果总结如下，以供参考。

## 一、图画书的定义

图画书是一种新兴而独特的儿童文学类型，它不同于我们平时所称的"图画读物""图画故事""连环画""小人书"，同一般带插图的书也不相同。

在图画书中，图画是主体，具有讲述故事的功能，它本身就承担着叙事抒情、表情达意的任务。而一般故事书中的插图

只是使故事更形象直观的辅助手段。日本图画书研究者松居直也曾用下列公式来说明带插图的书与图画书的区别:

文＋画＝带插图的书,文×画＝图画书。

对于我们来说,图画书是一种新的图书形式,它源于英美,在英文中通常叫作"Picture Book",也就是"图画书"。但曾经有一段时间国内将"图画书"称为"绘本",这是受中国台湾地区的影响,而台湾主要是受日本的影响。"绘本"是日语从英语的直译,在日语中"绘"对应"图画","本"对应"书",颇有点古汉语的味道。但在现代汉语中,这种对应关系是不存在的,因此,从尊重原意的角度,还是应该使用"图画",更多了几分情调。

## 二、图画书在中国市场的发展历程

在我们很多人的印象中,图画书完全是舶来品,但事实上,从五四新文化启蒙至今,在一百年不到的中国现代文明进程中,中国是有自己的图画书传统的。只是图画书非常寂寞且边缘化,所以几乎一直都没有成为一个独立的艺术门类。我国的图画书总体而言经过了以下几个阶段:

从1922年4月起,当时的重要儿童出版物《儿童世界》开始刊载"图画故事",以几幅甚至上百幅图画来叙述一个完整的故事,这些为故事所配的图画,画风质朴简洁,具备良好的说故事能力,可以被看作中国儿童图画书的萌芽。

1950—1960年则是中国原创图画书发展的重要时期，当时的图画书题材多元，尽管印刷粗糙，但从作品中可以看出，中国儿童读物插画界的老一代画家多是赫赫有名的艺术大师。如漫画家张乐平的《三毛》、华君武的黑白画《大林和小林》；版画家黄永玉的《叶圣陶童话选》；画家黄胄的《绿色的远方》和程十发的《红楼梦》；装饰画家张光宇的《神笔马良》；画家董辰生的《黄继光》等作品。另外有许多作品是那个时代的代表性创作，如杨永青的《五彩路》、林风眠的《江上渔者》、傅抱石的《满江红》、华三川的《白毛女》、杨文秀的《小医生》等。这些作品以传统风格的水墨画、工笔重彩为主，而且已经将传统文化中的民间艺术、版刻、敦煌壁画的元素运用到童书插画中了。在50—60年代，连环画是图画书发展史中的一个门类，它给我们留下了深刻的记忆，涌现了许多大师。

随后，"文革"中断了中国图画书的步伐，但"文革"后期也出现了充满童趣的作品。比如《小马过河》，它由人民文学出版社于70年代中期出版，是根据1973年的年画改编的；还有80年代的《阿不加和中国医生》《岩石上的小蝌蚪》也是很不错的作品。

90年代是出版界对图画书整体接纳的开始，包括对图画书编辑理念、创作理念、设计理念的学习。从1999年至今，我国

出版界对图画书的三波引进浪潮,为图画书市场的培育和成熟奠定了基础:

### 1. 引进图画书第一波

1999—2000年间,引进图画书主要有三块:春风文艺出版社的"雅诺什绘本"10册、二十一世纪出版社的"恩德童话绘本"6册和"彩乌鸦"等15册图画书。它们都来自德国。它们的引进为前几年的图画书推广和普及立下了汗马功劳。一批先知先觉的儿童文学研究者和发烧友们,津津乐道于它们的故事,几年间说遍了中国内地,培育了一群忠诚的图画书读者。但可惜的是,它们在重版和再版时,由于翻译、编辑、校对、装帧、印刷等多方面的原因,在整体质量上不尽如人意,许多方面甚至还不如最初的版本,令人心痛。

### 2. 值得一提的2002年

2002年,有三件事对推动内地图画书影响重大。

第一件事是幾米绘本热。它让人们"发现"了绘本——这个词汇代表着一种新的图书形式,先在大人圈中热起,再波及到孩子们中间。它的实际作用,是让读者反过来"发现"了儿童图画书的存在。这个折返曲线虽然说来有点荒谬,但事实确实如此。

第二件事是《中国儿童文学5人谈》(新蕾出版社)的出版。在这本书中,五位儿童文学界的名家正襟危坐地讨论起图画书专题，在其中的专章中讲述了一些经典的图画书，包括前面提到的"雅诺什"和"恩德"，还有《爱心树》《失落的一角》《活了100万次的猫》《母鸡萝丝去散步》等等，他们也没有想到，这些理论性话题的举例能在短短几年内得以出版。这本书对于理论界和出版界起到了很好的启蒙作用。

第三件事是以"红泥巴"网站为代表的专门从事童书推广的机构诞生。在此以前，一方面，童书的生存完全依赖图书市场的自然选择，优秀的童书（特别是新兴的优秀图画书）常常面临着被湮灭的危险，出版社找不到图画书的出路，即使出版了也往往被压在库底；另一方面，读者在整体面上并不专业，辨别和使用优秀童书的能力较弱，同时也很难有渠道能接触到图画书。童书推广机构在两者之间架设了桥梁，以书为媒，让读者与出版社获得充分交流的机会，教孩子与好书联姻。正因为这样的联姻，图画书才有了生存的契机。2002年，除"红泥巴"外，日本白杨社驻北京办事处（现蒲蒲兰公司）和扬州"亲近母语"实验课题组也都在各自的领域中积极活动着。

### 3. 引进图画书第二波——"玩票"性质的引进

吹响第二波号角的是一只小老鼠。它本来待在书里，开始看起来还有点郁闷，百无聊赖中抠破了书页，接着咬开一个小洞，探出头来——哇，如此精彩的世界！瑞士女画家莫妮克的"无字书"系列8册（明天社，2003年3月出版）最令人惊叹之处，就在于它们没有一个字，但一千个读者可以讲出一千个故事。它对小读者的想象力是一种挑战，对大读者的心理承受力也是一种挑战——没有字的书，居然要掏12元买1本！值不值？在出版社看来几乎铁定亏本的定价，在普通读者看来却有点像"打劫"——这种价格上的心理反差，一直在折磨着图画书，似乎很难走出困境。

"无字书"在传统图书渠道上举步维艰，但在新的推广渠道中却渐渐被读者接受。价格并不是造成两者差别的原因。实际上，早在2000年，河北少儿出版社原创的"无字书棒棒糖卷"8册定价就极为低廉，而且后来也被证明能受到孩子们的欢迎，但它在市场上同样一筹莫展。这样的图书想要生存，需要读者发现其内在价值，并广为传播。

2003年底，《爱心树》《失落的一角》《失落的一角遇上大圆满》简体中文版（南海出版公司）面世。美国谢尔大叔的这三部代表作是那种能在5分钟内读完，却能让人回味一辈子的震撼之作。不过以当时的眼光来看，简直前卫得过分，它们虽然是图画书，但图画的线条简单得令人咋舌，而且还是黑白的！

就好像是约好的一样，2004年初，接力出版社推出了另一套美国图画书经典之作"阿罗系列"。它同样以线条的简洁和想象力的丰富著称，而且定价还相当便宜。

在2004年"六一"之前，又有几家出版社几乎同时推出了重量级的图画书，包括现代图画书的开山之作"彼得兔的故事"系列（中少社）、日本登陆世界舞台的图画书代表作"可爱的鼠小弟"系列（南海出版公司）、"恐龙的温馨故事"系列和"莎娜的绘本"系列（北少社）等。

2004年10月，《活了100万次的猫》（接力社）的面世也给读者带来好一阵惊喜。

与第一波相比，这一波的引进带有明显的目的性和计划性，因此在各方面都做得更专业一些，整体质量基本过硬，堪与原版书相比较。不过出版者对读者的接受度和市场的反应仍然毫无把握，因此多少是带有试探性的，用一位出版人的话说带有"玩票"的心理。

不过结果比他们预期的好得多，这批书虽然都曾遇到过一些困难，但在大家的努力下，它们得以不断地再版。

### 4. 引进图画书第三波——信谊风潮

第三波引进的主角是"信谊世界精选图画书"。

2004年12月，当少年儿童出版社出版的信谊图画书《鳄鱼怕怕牙医怕怕》问世时，很少有人注意到它。而且说实话，最初印制的第一批图画书存在着明显的瑕疵，纸张容易起皱，跨页图片对接误差很明显。虽然作为一般的读物还是勉强能被接受的，但信谊公司非常果断地做出决定：立刻召回所有已销售的图书，全部销毁！

《鳄鱼怕怕牙医怕怕》是日本图画书大师五味太郎的代表作，创意奇特，幽默至极，非常适合亲子共读和表演。不过它的画风并不投一般读者所好，因此并没有引起广泛的注意。但不久之后，信谊推出的《爷爷一定有办法》受到了普遍的欢迎，而在2005年3月后推出的《猜猜我有多爱你》更是掀起了一阵图画书阅读的热潮。

这本出版于1995年的英国图画书《猜猜我有多爱你》，正文只有32页，内容看上去也很简单。它讲述一只大兔子哄小兔子睡觉，小兔子让大兔子猜猜"我有多爱你"，接着伸长手臂说"我爱你有这么多"，于是大兔子也伸长手臂比划。两只兔子换着花样比划着，创意不断，饶有兴味。直到最后小兔子在大兔子怀里甜甜睡去。单从出版年份来看，这本图画书还算不上经典，但它有一股直接打动人的力量，因此在世界范围内很快得到了读者的支持，畅销逾1500万册。

由于必须"全球统一造货"（即由英国出版商指定并监制印刷），《猜猜我有多爱你》曾以29.8元的定价创下了当时单本图画书最高的定价纪录，但这并没有妨碍它以相当快的速度销售、一刷再刷。至2007年，它在内地已销售近10万册，可跻身于畅销书的行列。

其实，并不是所有读者都认同这个故事，包括来自英语世界的读者也有批评它的，认为它过于"成年人视角"，总在暗示大人对孩子的爱远胜于孩子对大人的爱。但不管怎么说，这本书毕竟创造了一个奇迹，它让许许多多的读者参与了图画书的传播和讨论。

到目前为止，"信谊世界精选图画书"大概出版了23种，虽说不上本本经典，但也本本堪称一流，除了前面提到的几种外，给读者印象最深刻的还有《逃家小兔》《驴小弟变石头》《母鸡萝丝去散步》《雪人》《三个强盗》《獾的礼物》《小蓝和小黄》《打瞌睡的房子》《风到哪里去了》等。这个系列的整体质量非常好，在这方面的口碑最好，不知不觉间成为了某种程度上的"行业标准"——精装图画书的质量范本。因此，它们在整体上也自然形成了一种品牌。不过，始终居高不下的定价也是信谊图画书时常惹来读者诟病的因素。

从出版的角度看，信谊图画书在一定程度上的成功，给众多跃跃欲试的出版人打了一剂强心针，直接带动了近两年的图画书出版风潮。另外，信谊图画书从一开始就坚持大众与专有渠道的双线推广，成效显著。

时至今日，图画书在国内显然已经度过了市场对它的认知期，作为一种全新的图书样式，出版界对图画书达成共识——图画书是儿童出版物的最后一块蛋糕，伴随着出版界对图画书的大量引进和原创，以及阅读推广人的努力，图画书阅读理念逐步被更多的人接受和认可，内地掀起了图画书出版和阅读的热潮，图画书成为童书界的热门话题和业内焦点。

## 三、国内外图画书出版的强势机构及品牌产品

### （一）国内图画书出版机构及其品牌产品

经过多年的发展，目前我国图画书出版领域的强势出版机构（按从事图画书出版时间排列）主要包括了春风文艺出版社、二十一世纪出版社、河北少年儿童出版社、新蕾出版社、江苏少年儿童出版社、明天出版社、南海出版公司、接力出版社、北京少年儿童出版社、蒲蒲兰文化发展有限公司、信谊出版机构、启发文化、湖北少年儿童出版社、贵州人民出版社、外语教学与研究出版社、四川少年儿童出版社、湖北海豚传媒有限公司、中国少年儿童出版社等，他们的品牌产品分别为：

*春风文艺出版社* 2000年出版的"雅诺什绘本"10册；

*二十一世纪出版社* 2000年—2002年出版的"恩德童话绘本"6册和"彩乌鸦"等15册德国引进图画书；2006年出版的《图画书：阅读与经典》在彭懿先生极富个性和热情的推广下，把图画书的推广和出版推向了一个新的高潮。

*河北少年儿童出版社* 2000年—2002年的原创"无字书棒棒糖卷"曾经在市场上沉寂，罕有读者注意，但后来通过专门的推广，都得以再版延续。

*新蕾出版社* 2002年出版的《中国儿童文学5人谈》反映了

理论界对图画书领域日益提升的关注。此时，民间的"儿童阅读推广"活动也渐渐从启蒙走向了行动，亲子阅读的倡导、把儿童文学引入课堂的倡导，都在很大程度上为图画书的推广准备了牢固的读者群。出版界也因时而动。

*江苏少年儿童出版社* 2002年—2003年间策划出版的原创幼儿成长图画书"我真棒"系列，前后共出版了20册。这套书的创作可以说由三部分组成：儿童文学作家创作故事、儿童插画家绘图、幼教专家或老师编写故事导读，而编辑在整个过程中牵线搭桥、主持交流。以现在的眼光看，与世界优秀的图画书相比较，"我真棒"中的一些故事也许算不上精彩，甚至不能算作严格意义上的图画书，但是这套书的编辑和出版是一次很有意义的尝试。它标志着童书出版界正在以一种专业的态度来对待图画书的创作与出版。而且值得一提的是，它在整体上受到了读者的认可，至今仍然在稳定的在销状态。

*明天出版社* 2003年3月出版的瑞士女画家莫妮克的"无字书"系列8册。

*南海出版公司* 2003年底出版的美国希尔弗斯坦的经典之作《爱心树》《失落的一角》《失落的一角遇上大圆满》；2004年出版的日本经典图画书"可爱的鼠小弟"系列；而以《爱心树》《小房子》《流浪狗之歌》《石头汤》《小黑鱼》等为代表"爱心树绘本系列"已经在读者中形成较强的品牌。

接力出版社 2004年初出版的美国经典图画书"阿罗系列"，日本佐野洋子的代表作《活了100万次的猫》。

中国少年儿童出版社 2004年出版的英国百年经典图画书"彼得兔的世界"系列。

北京少年儿童出版社 2004年出版的"恐龙的温馨故事"系列和"莎娜的绘本"系列。

信谊出版机构2004年底推出"信谊图画书"《鳄鱼怕怕牙医怕怕》标志着图画书在专业化进程上又迈上了一个新的台阶。后续出版的《爷爷一定有办法》《猜猜我有多爱你》《逃家小兔》都受到了广泛的欢迎，特别是《猜猜我有多爱你》以其独特的亲和力掀起了一阵图画书阅读的热潮。"信谊图画书"以精耕细作的姿态，稳步出版的《驴小弟变石头》《母鸡萝丝去散步》《雪人》《三个强盗》《獾的礼物》《小蓝和小黄》《打瞌睡的房子》《风到哪里去了》，直到新近的《好饿的毛毛虫》，在整体上形成了品牌，不知不觉间也成为了某种程度上的"行业标准"。

北京蒲蒲兰（Poplar）文化发展有限公司推出的"蒲蒲兰绘本馆"以"霸王龙"系列，《克里克塔》《蚂蚁和西瓜》《三只山羊嘎啦嘎啦》《快活的狮子》《老鼠娶新娘》为代表。

启发文化 拥有以《花婆婆》《我爸爸》《是谁嗯嗯在我头上》《大卫，不可以》《和甘伯伯去游河》等为代表的"启发绘本系列"已逐渐成为深受欢迎的品牌。

*湖北海豚传媒有限公司*推出的以"艾特熊与赛娜鼠"系列、《云朵面包》、《我的爸爸是焦尼》、《动物绝对不应该穿衣服》等为代表的"海豚绘本花园",规模在所有的图画书系列中最为庞大,增长的速度也最快。

此外,外语教学与研究出版社的"聪明豆绘本"系列、湖南少年儿童出版社的"儿童心灵成长图画书"系列、贵州人民出版社的"蒲公英图画书馆"系列、电力出版社的"梦幻童年"系列也颇具规模。

原创图画书领域,近三年来,一些作家、插画家与出版人倾力合作,正在陆续推出较高品质的原创图画书,已经出版的有"小肚兜幼儿情感启蒙故事"系列,"棒棒仔心灵之旅"系列,周翔的《荷花镇的早市》,朱成梁的《火焰》《团圆》(余丽琼文),熊磊、熊亮等策划创作的"绘本中国"系列和"情韵中国"系列等。

## (二)欧美图画书出版的强势机构及其品牌产品

美国:

1. *Haper Collins* 哈伯柯林斯出版社: "Maurice Sendak图画书系列",如《野兽国》——1964年凯迪克金奖作品,是"美国第一本承认孩子具有强烈情感"的图画书。"阿罗系列"(入选美国12部最伟大的图画书《经典图画书宝库》),例如

《晚安，月亮》《逃家小兔》（玛格丽特·怀兹·布朗著）。

2. *Scholastic 学者出版社：*《如果你给老鼠吃饼干》《母鸡罗斯去散步》《好饿好饿的毛毛虫》《大卫，不可以》《我的兔子朋友》，以及"I SPY视觉大发现"系列。

3. 兰登书屋："苏斯博士故事绘本系列"（如《带高帽子的猫》等）。

英国：

1. *Penguin 企鹅出版社：*"彼得兔系列"（世界上公认的图文结合得最出色的第一本图画书）、"小玻系列"、"查理和劳拉系列"等。

2. *Walker 沃克出版社：*《猜猜我有多爱你》《鸭子农夫》《睡不着吗？小熊》《美茜小老鼠》等。

法国：

1. *Gallimard迦利马出版社：*"贝内洛普蓝色小考拉"系列、"第一次发现"科普图画书系列、"有趣的小昆虫"系列。

2. *Ecole des loisirs 开心社：*"汤米·温格尔图画书系列"（如《三个强盗》《克里克塔》）；"克劳德·旁帝图画书系列"（如《贝托尼和一百二十个宝宝》《小鸡的一千个秘密》《纷杂李和吹跳林》等）；"葛黑瓜尔·索罗塔贺夫图画书系列"（如《狼狼》《你大、我小》等）。

## 四、国内外出版机构推广图画书的主要模式

### （一）国内出版机构对图画书的主要推广模式

针对目前国内图画书出版的强势出版社和推广机构，我们主要对二十一世纪出版社、明天出版社、浙江少年儿童出版社、少年儿童出版社、信谊出版机构、湖北海豚传媒有限公司、蓝袋鼠亲子文化网、新经典文化公司、亲近母语教育机构、蒲蒲兰文化发展有限公司、蒲公英机构、电子工业出版社、外语教学与研究出版社、红泥巴网站、启发文化等的推广手段进行了调研，他们的推广模式各自如下：

*蓝袋鼠亲子文化网：* 自2006年起开始举办一系列在图画书出版领域具有较大影响的重大活动。2006年举办的"阅读嘉年华——让阅读成为习惯，让阅读回归浪漫"。2007年举办的"图画书加油站——阅读梦想，梦想阅读"，发起了"图画书推广联盟倡议书"，成为图画书界的一件盛事，同时蓝袋鼠还持续做儿童作家系列名人谈，尝试构建一个由妈妈、儿童阅读专家组成的平台，带动国内阅读图画书的一股潮流。在2008年和2009年，蓝袋鼠继续开展系列活动，如"寻根——我们身边的民俗文化"（"绘本中国"系列）；"蓝袋鼠狂想曲"美劳大赛（"我爱蓝袋鼠"丛书），包括少儿创意添画大赛、亲子手工美劳大赛和征文大赛；联合举办山水堂杯"我的故事绘本"新春征文活动。

　　这些活动的话题富有创意和时代性，就这些话题对学者专家的采访也很深刻，使得蓝袋鼠通过这些活动，聚集了一大批图画书爱好者，为口碑营销和社会化推广储备了人才队伍，形成了图画书推广的良好网络平台。从2008年开始，出版社也有意识地联合蓝袋鼠共同做图画书的策划和推广，而蓝袋鼠立足公益型的推广也深得妈妈们的信任。其优势是覆盖面准确，口碑好，传播度高。

　　*湖北海豚传媒有限公司：*湖北海豚传媒除了在图画书选题资源的眼光和实力铸就了他们的实力外，在推广方面他们最大的特点就在于对旗下的图画书产品进行集中推广而非单兵作战，整合旗下图画书资源，进行整体品牌宣传推广，取得了良好的效益。"海豚绘本花园"的规模在所有的图画书系列中最为庞大，增长的速度也最快。

　　*新经典文化公司：*新经典与湖北海豚类似，也是采取整体品牌宣传的方式推广其旗下图画书，同时会每三个月向书店提供书目，书目上对图画书按照年龄进行阶梯划分，将分级阅读较早地实践起来，为父母读者提供购买指导，增加了图画书的购买机会。此外，他们还很注重向读者提供附加值和增强系列的黏度，不但增加阅读指导、随书附赠小礼品，还在勒口位置将同系列图书书名都进行罗列，将整体推广落实到销售环节。另外，他们还通过与亲近母语教育机构等阅读推广机构合作，

在他们举办的面向教育系统、家长等的论坛上与专家良好沟通，向专家提供一定劳务费，以确保专家在演讲中将新经典的图书作为例子向观众推荐。

*北京蒲蒲兰（Poplar）文化发展有限公司：*蒲蒲兰在北京建外soho建立了"绘本馆"并开展活动，主要形式是给孩子读绘本，并围绕绘本开展主题活动，例如组织早教专家和绘本爱好者给家长做讲座，让他们了解应该怎样在家庭进行早期阅读。制作宣传册，形成对终端人群持续的推广，培养其忠诚度，并通过口碑效应不断在目标人群中扩大影响力。

另外，他们还非常注重与其他行业的合作，2008年曾经与三得利品牌合作，使蒲蒲兰绘本中著名的鼠小弟形象登上了三得利饮料包装。曾经在大学举办的图画书学术活动也让很多热爱图画书的大学生非常关注蒲蒲兰的最新图画书。最近他们在筹备出版图画书理论书，相信对于提高其品牌影响力会有很好的作用。

*电子工业出版社：*电子工业出版社图画书出版的增长主要是一种规模型增长，靠上品种来赢得一定的市场份额。在宣传方面，他们很注重对图书内容、作家权威性、强势媒体推荐、新教育理念和方式的宣传，对于网络媒体相当重视，网络媒体宣传采取人盯人战术，每个推广人员分别负责几家亲子论坛和母婴网站。在网络书店上他们的渠道也不仅限于当当、卓越等，与

许多小的网上书店也有业务发生。最近他们也正在试图进入母婴用品店，在销售渠道上的不断拓展是他们的突出特点。

*外语教学与研究出版社：*差不多在所有的正规出版社中，外研社低幼图书的地面店营销做得最好、最有效。外研社依托强大的教材发行网络，配合雄厚的资金支持，在本着低幼图书不盈利的情况下，雇佣多个地面店的促销员和活动专员，定期对卖场展示进行跟踪，定期做图书的宣讲会和各种节庆的促销会，并适当邀请国外知名作者（聪明豆的作者茱莉亚·唐纳森等）访华，进行签售、讲座等。促销形式不多，但针对终端，非常有效。外研社的儿童图书是目前为止唯一的地面店销售胜过网络销售的出版社。

*二十一世纪出版社：*低幼图书的推广包括跟蒲蒲兰等机构合作出版的图书和自己出版社的低幼图书两部分。蒲蒲兰等合作图书的推广主要由蒲蒲兰负责，包括邀请作者、签售会、各种促销活动等，二十一世纪出版社自己出版的图书并非所有的都做宣传，但网络是其行之有效的手段，主要借助的是博客，各种亲子论坛上发布公告，各种销售网络的重点推荐等。需要注明的是，二十一世纪出版社给各家网络的销售折扣非常低，并在回款等多种政策上给予倾斜，所以像当当等这样的销售网络喜欢卖力气为其做重点推荐。另外二十一世纪出版社的推广是发行部牵头负责，编辑只是起配合作用。

*明天出版社：* 自从信谊的图书跳单到明天出版社之后，明天出版社的图书品种和质量有了质的飞跃，这部分的图书跟明天社本身关系不大，推广方面主要是信谊的策划。虽然明天社本社的自有图书推广方面也略显单薄，但明天社的优势是跟本地的教委关系密切，依托教材优势，有大批的图书加印。比如《铁丝网上的小花》是一部揭露战争带给人们灾难主题的图画书，因为教委下发文件，让小学生了解战争与和平给人类带来的影响，这个主题的图书较少，这本书为此加印了几次。

*浙江少年儿童出版社：* 低幼图书品种太多，编辑推广根本做不过来，有些低成本的同质化图书也不值得做推广。浙江少儿的图书还是挑题材、品种，根据图书的自身特质来推广，如"小虎队"类的文学图书营销很成功。但图画书类由于品种少，仍然是传统路数，借助网络，如果作者能到中国来就进行签售会等。浙江少儿的推广工作有专门人来负责，编辑不做主要推广工作。

*少年儿童出版社（上少）：* 以前是信谊的图画书占多数，后来信谊跳单。上少目前的自主图画书不是很多，主要是"鳄鱼和长颈鹿"系列，模式多为照搬原来信谊的模式，也根据图书本身的印量和知名度等考虑投入和产出。

*亲近母语教育机构：* 亲近母语作为著名的阅读推广机构，其论坛已经具有很大的社会影响力。每年在论坛上他们都会请

名师进行演讲，很多演讲者在这些讲座中会介绍自己的图书。与此同时，亲近母语还会向会员寄送免费会员刊，进行图书推荐。此外，他们还会定期针对小学老师举办一些培训班，进行图画书阅读使用的培训，并组成课题组，由专家牵头，课题组老师在自己所在学校带领学生开展朗读活动，举行读写大赛。

另外，地区行政力量对他们的支持也是他们的阅读推广活动能够顺利展开的有利条件。

*红泥巴网站：*在2002年成立的红泥巴网站作为专业的童书推广机构，正在架设一座桥梁，以书为媒，让读者与出版社获得充分交流的机会。教孩子与好书联姻，为图画书的生存和发展提供契机。红泥巴网站在妈妈读者中已经形成了很高的品牌美誉度。探长阿甲客观、公正的荐书原则，让红泥巴的图书推荐在读者中有很高的公信力。他们除了在网站日常的推荐、公布和图书销售外，还会向会员赠送免费电子期刊，举办周末读书会培养故事妈妈，经常邀请图画书的作者、编辑、著名推广人等举办图画书推广的公益活动，形成了稳定的受众对象。

*启发文化：*启发除采用了前面其他出版机构已述及的一些推广手段外，在充分利用各家网络书店各自优势方面很值得学习。红泥巴网站的宣传推广功能较强，而当当网的销售能力较强，启发在经营中看重红泥巴的宣传功能，而把销售重点放在当当网上，所以在新书推出前会在红泥巴上做宣传，约请导读，

导读手册印制出来后会多印500份送给红泥巴。而书在当当网上的销售则受惠于红泥巴的宣传，实现较好的销售。此外例如请专家去学校作讲座之类的常规手段就不在此赘述了。

综上所述，传统出版社图画书的营销模式比民营机构要逊色很多，也相对单一，目前通用的模式无非就是网络预热、网络宣传、作者签售等几种单一模式。

出版社低幼图书推广普遍的共性是：

1. 不是所有的低幼书都宣传，要考虑书本身的特质和市场前景，考虑投入产出比。

2. 编辑在宣传中不占主导地位，多为发行部门或推广部门负责，编辑起辅助作用。

## （二）欧美图画书推广的几种模式及渠道

### 1. 图画书评奖模式

在国外，从1658年捷克教育家扬·阿姆司·夸美纽斯的《世界图绘》出版至今，图画书已经走过了350年的历程，图画书作为独立的创作图书门类有着相当悠久的历史，图画书的读者基础和评价体系已经较为完备，因此，许多图画书专业奖项已成为图画书推广的重要渠道，甚至视其为一种推广模式也不为过。

这些奖项主要包括美国的凯迪克奖、瑞士的安徒生奖、英国的凯特·格林纳威奖、法国的小魔法师奖、英国的红房子童书奖等。优秀的图画书参评这些奖项，获奖后不仅可以使作者获得荣誉，这些奖项本身的社会影响力会带动这些图书的社会关注度和市场销量，许多奖项组委会还将为这些获奖的作者和图书提供包括主题演讲、全国范围内的主题巡回展览等活动，扩大这些优秀图画书的社会认知范围。

## 2. 图画书出版社与社会组织及图书馆合作模式

欧美许多图画书出版机构非常热心于赠书、参与社会婴幼儿教育机构等的公益活动，以增加公共机构及社会团体团购的几率。在许多国家的教育部及其下属部门每年都会选择一批适合低幼儿童阅读的图画书赠送给贫穷地区的幼儿园。

如"无字书"系列里《小鸡和狐狸》一书，版权输出至墨西哥后，获得墨西哥国家教育部推荐，团购10万册赠送给幼儿园。

而许多图画书出版机构积极与公立、社区及学校图书馆建立密切联系，定期组织讲座和培训。在国外，儿童图书馆对于图画书的推广起着举足轻重的作用。童书图书管理员对图书的理解要更甚于一般的书店店员，他们的建议也更容易得到家长们的信任和青睐。经常和图书馆里负责童书部分的管理员保持联系，对其进行培训，会逐渐树立口碑，得到更为长期的推广效应。

## 3. 图画书走进校园模式

在欧美，许多图画书出版机构会定期为幼儿园及小学老师定制精美的图画书书目，推荐本社新书，并给予教师特殊的购书折扣。

此外，他们还会对热爱图画书的社会团体成员进行定期培训，以形成社会化的培养讲师团，深化图画书在课教中的辅助作用。

### 4. 图画书主题展模式

举办图画书主题展也是欧美常用的一种图画书推广模式，很多图画书出版机构会为图画书寻找公共感兴趣的话题，举办图画书主题展并制造媒体讨论话题及热点，以形成社会关注。

图画书主题展可围绕一至两个有国际影响力的绘者或作者，设立作品展。将其作品的深意、趣味做深入细致的挖掘，吸引专家、媒体的关注及重视。

还可讨论某一类图画书的特殊主题：如图画书里是否能谈及"死亡"？如何用图画书来帮助孩子面对"恐惧"？如何用图画书告诉孩子"他从哪里来"？还有"单亲爱"等等。

或发起并搜集图画书里的"小狗""小熊""小老鼠""小兔""魔鬼"等经常出现的形象，做成一个主题展的形式。

### 5. "眼球吸引"模式

所谓"眼球模式"，即通过传统的海报、卖场陈列等宣传方式，在卖场和终端吸引读者的关注。

如法国的开心社每年都会请图画书里最著名的绘者，专为其出版社画一幅海报，唯一的要求是画面上要出现书。他们的海报得到许多读者、图书管理员、书店店员的收藏。

而在书店展示图画书的区域里，单独设立出版社的专区，突出自己的产品特色，加深读者对出版社品牌的认知度，也是常用的做法。

## 五、我社目前图画书出版与推广的现状

我社目前已出版了将近200种图画书，其中"小玻系列"、"鼹鼠的故事"系列、"查理和劳拉"系列、《活了100万次的猫》等，都形成了社会品牌，成为了畅销经典图书。但是还有大量的图画书，尤其是一些曾获大奖的图画书，如"小鸭黛茜"系列、"彩虹鱼"系列、《神奇的窗子》、《造梦的雨果》等，都没有取得尽如人意的成绩。2009年度，我们的新图画书品种数将达到100余种，图画书品种将异常丰富，而带来的推广和销售压力也非常大。

我社目前图画书推广仍主要依靠媒体的推广，包括向母婴杂志寄书寻求书评、书讯推荐，在亲子论坛发帖或发起话题进行论坛内的口耳相传。有时会采取用库存书换杂志书评版面，或为网站提供奖品图书以嵌入其举办的一些线上和线下活动。总体而言，由于作图画书的人手少，手段单一，图画书的推广对媒体推广的依赖程度较大，非媒体推广的渠道和手段较少，

很多图书的宣传推广效果不够明显，亟待寻找新的手段和方式加以改善。

## 六、我社图画书推广可采取的模式

综合我们所取得的调研数据，跟据我社实际情况，我们认为我社可参考采取以下一些推广模式来增强图画书的市场影响力。

### 1. 增强对现有图画书资源的整合，进行整体品牌推广

在对比我社和其他图画书出版机构的营销手段时发现一个最明显的区别，就是其他社都是以品牌形式进行整体宣传，而我社则是针对每本书进行零散的宣传，不仅无法保证宣传稿的全部覆盖，而且效果也大打折扣。因此我们建议对我们的图画书进行系统整理分类，让新书以大系列的形式出现，并参考我社正在运筹中的分级阅读概念，确定包括"接力""阶梯/分级"关键字的系列概念名，我们对这些图画书进行整体品牌宣传，同时增强读者对系列图画书的购买便捷性和连续购买力。

### 2. 继续巩固媒体推广优势

接力社在图书推广方面积累下来的媒体优势和宣传节奏应该在以后的图画书推广中继续加以保持，在征订前进行行业报预热，对该系列图书的获奖、电视台播映等进行信息的实时发布；在大众媒体进行图画书作家进校园或举办图画书主题展等活动的报道；在终端媒体继续进行书讯、选载、游戏互动、征文等信息发布。

网络媒体的优点在于发布消息快，浏览人数多。但是网络媒体的信息更新也快。如何很好地利用网络媒体我们也做了一番研究，得出以下一些宣传方式：

预热：我社图画书出书节奏快、数量多，这恰恰和网络媒体的特性相吻合。所以，我们建议所有图画书的新书书讯都要在网络发布，尤其是重点网络媒体：新浪亲子、腾讯读书、搜狐读书频道。

专题：我社2009年将会有重大图画书系列出炉，这还是一个在网络媒体作专题的大好机会。在做网络媒体专题之前，编辑和推广人员应该先进行专题策划和研究，以便网络编辑可以了解该系列的特色和我社想利用专题达到的目的。尽可能地将关于此书的所有资料都呈现到网上，并且专题上最好安排互动区，可以用部分图书作为奖品。推广人员应该和该专题的编辑多交流，这样可以在交流中碰撞出新的点子。

虽然不是所有的图画书都要单独做专题，但是重点项目一定要做专题，而且要长期看管，切忌做了又不去更新。单本图书应该一起打包做专题，利用各个节假日，为网络媒体策划出好的卖点。

对于广播和电视媒体，虽然我们可控因素要小一些，但是与电视栏目制作人、广播电台主持人增强沟通，针对相关动画片播出时间和图画书的特色，向其进行推荐，都将增加我社图画书的上镜机会。

网络媒体方面，由于互联网使得音频、视频的发布和传播降低了门槛，我们应该充分运用、享受互联网时代的便捷，开展低幼图画书编辑讲故事、征集宝宝妈妈录视频、音频讲故事等活动，并与强势网络媒体合作，将这些视频、音频在网络上进行传播。

### 3. 运用社会资源，借力推广

我们自己所掌握的推广资源和手段是有限的，大量的社会推广资源如果我们充分运用起来，就能事半功倍。如蓝袋鼠、红孩子、红泥巴、亲近母语等图画书推广机构拥有各自稳定的受众对象和各具特色的推广活动。与他们积极加强合作，将我们的图画书出版信息提供给他们，通过嵌入他们的活动、利用他们的推广平台，将我们的图画书被专家作为演讲案例、成为阅读推广课题组和读写大赛入选书目、在故事妈妈培训和竞赛中被选中，都将使我们的图画书推广事半功倍。但是需要意识到的是，这样的方式，嵌入式成分很重，所以必须要实行人盯人战术，每个推广人员和编辑分别盯几家推广机构，及时了解对方正在策划的活动，才能实现这一手段的确切落实。

### 4. 增强卖场推广力度，实现终端推广、实效推广

图画书销售实现的根本在于卖场销售机会的取得，卖场营业员、导购员和信息员对我社图画书的了解，图画书在卖场进

行的功能展示、向各书店会员的信息传达，都是图画书实现更大销售机会的有力保障。

所以，借鉴其他社成功经验，每季度出版一期图画书宣传册发往各书店，将阅读指导、阶梯/分级指示均融入其中，同时对书店营业员进行业务培训，并强化我社信息员、导购员对这些图书的了解程度和导购功能，附以分级分类的专架，并向大书城提供录像播放设备（电视、DVD机等），配以图画书讲故事视频，或在有条件的书城聘请兼职人员周末举行故事会，都将有力地推动我社图画书的卖场销售。

**5. 开拓培育自己的低幼社区活动资源**

一方面我们要借助社会推广平台的力量，另一方面我们也有必要效仿国外图书馆免费赠阅图书模式，在国内的幼儿园、亲子园、社区图书馆设立免费图书角，提供公益式服务，培养与这些机构的信任和亲密度，为日后我们自己组织活动、进行读者调查等培育资源。

其中，幼儿园的合作有助于我们今后进行类似于"第一次发现"这样的幼儿科普启蒙读物在幼教系统的推广，亲子园和社区图书馆都能够促进直接销售，尤其是现在很多社区图书馆被赋予了孩子托管的功能，在一些学校放学较早，父母尚未回家之前，一些社区图书馆就成了孩子进行图书阅读等待父母的场所。此类型的活动需前期投入书架制作费和样书费。

为了节省样书支出，我们建议采取各点样书各不相同，每三个月各点流动的方式，每次转移本身也是一次与这些院长进行感情交流沟通的机会。先期在北京选择10—20家试点，效果好的话再向全国铺开。

图画书进幼儿园的另外一个好处，就是可以了解到终端真实的需求——在这方面我们特别反对编辑仅仅采纳渠道经销商的意见，因为有时候这种意见反而是错误的。举个例子，以前从经销商那里得到的信息是，家长比较欢迎那些字小而多的图画书，但实际上这样的书会对孩子的眼睛造成伤害，也不符合儿童的阅读心理。同时，通过接触幼儿园的一线老师，就可以很清楚地了解他们的需求，为自己开发图书选题提供信息。

### 6. 增加机构公益采购销售渠道

目前除中小学教材、农家书屋工程政府买单外，一些非政府组织也在开展各种采购赠书公益活动，如2006年启动的"红十字书库"公益项目，它是中国红十字基金会"博爱助学计划"的主要内容之一，项目主要是通过发动社会力量募集资金，为博爱小学、农村中小学等捐建"红十字书库"，以解决贫困乡村图书匮乏的困境。

"红十字书库"是具有微型图书馆性质的综合书库，书目包含思想教育、文学名著、科学普及、卫生健康、红十字知识等五大类别。该项目已在全国超过25个省市配赠"红十字书库",此类型公益组织的采购活动如果我们能够抓住,就能够扩大图画书销售渠道,实现最直接的销售。

### 7. 进教育系统模式

类似于作家进校园模式,现在很多著名的阅读推广人也被各学校、幼儿园邀请进学校举行演讲,通过组建分级阅读委员会、图画书评奖委员会形成一批阅读推广人队伍,为我所用,开展进校园模式将是一条操作性较强的推广模式。

专家进幼儿园通过介绍绘本的理念、上示范课的形式可以让更多的幼儿园了解如何使用绘本进行教学,为老师解决教学资源、教学方法等多方面的实际问题。我国幼儿园在阅读教育方面的不足,使得教师对该方面有很大的需求。只要你的图书产品质量好、所提供的指导对老师确实有帮助,这种进幼儿园的活动就一定会受欢迎。

另外,对图画书的演讲不应局限于幼儿园、校园演讲,更要增强对教育系统官员的演讲,增强对关键人员的推广力度。

### 8. 举办图画书主题展览模式

效仿国外图画书主题展推广模式,围绕一至两个有国际影响力的绘者或作者或当下社会感兴趣的话题,设立图画书作品展,营造图画书阅读氛围和扩大社会影响。该展览需联合多家媒体共同举办才能达到预期的效果。

### 9. 设立图画书奖项模式

目前国内图画书领域有影响力的奖项不多，一方面我们将我社出版的图画书及时申报包括"丰子恺奖"在内的图画书奖，另一方面我们可以联合多家媒体、社会机构、专业机构，设立图画书奖项，并负责每年的图画书奖项举办工作。由于目前该方面奖项缺乏，较早着手可以占据制高点，另一方面也有助于树立我社在图画书领域的品牌形象，同时也可以借此聚拢一批专家学者资源。该奖项的举办可以参照国外一些图画书奖项的举办方式和标准（附件中有详细介绍）。

另外，走进开设有关图画书课程的高等院校，设置"新人奖"等。一方面可以与高校合作组织参与国内图画书研讨，另一方面可以在创作人才上赢得先机，更能在宣传推广上扩大接力社的品牌形象，使本社的图画书从创作、推广和后续跟进上都持续受到关注，形成良好的经济效应和社会效应。

2009年1月17日

## 参考文献：

1. 陈香. 基本概念需要厘清 为图画书阅读出版热把脉. 中华读书报，2008年6月.

2. 阿甲. 见证1999～2007：图画书在中国. 中华读书报，2007年10月.

3. 阿甲. 阿甲：图画书出版八年起步. 中华读书报，2008年5月.

4. 阿甲. 图画书策划与营销的八个要点. 中国图书商报，2007年7月.

5. 王东、周合、中西文纪子. 图画书营销新趋势：幼儿园里寻知音拓市场. 中国图书商报. 2007年1月.

6. 裴永刚. 儿童绘本图书现状、问题及发展趋势. 中国新闻出版报，2005年9月.

7. 刘志英. 添加绘本"中国特色"针对妈妈网络营销. 中国图书商报，2007年8月.

8. 刘志英. 秀逗绘本从网络畅销开始. 中国图书商报，2007年7月.

附件列表：

1. 世界图画书重要奖项介绍

2. 案例1：《不一样的卡梅拉》营销案例

3. 案例2：《就是他踢的》营销案例

## 本课小结：

当你面对一个新的产品板块所带来的新营销课题时，首先要通过采访咨询和网络调研等方法开展基础性的调研工作，继而拟出调研的方案，明确调研展开的各个阶段、调研的方法、调研的人员构成、调研报告的内容框架和费用预算等。

然后，你需要成立跨部门的项目调研小组，进行调研内容任务分工。继而根据各调研小组人员提交的分主题调研报告进行汇总整理，提出适合本单位的该产品板块市场推广的模式，供管理层参考决断。

最后要进行调研报告的汇报，并由公司管理层进行营销推广模式的最终选择和工作布置。

在开展业务调研时只要不用于发表，不要担心抄袭之嫌，只要你还想在公司有人缘，不要一个人揽功而屏蔽其他调研小组成员的贡献。

# 第 7 课
# 如何应对移动互联网时代

看到这一章的标题也许你充满期待，但我要遗憾地告诉你，恐怕我没办法像之前的几章那样就移动互联网时代的图书营销给出你具体的操作指导。

　　移动互联网是个新生事物，每一个企业对在移动互联网时代的营销都在探索之中，而且瞬息万变的移动互联网让你针对特定媒体渠道的营销刚刚摸索出经验就悲催地发现这个媒体衰落了——微博营销就是最典型的例子。任何一本教你具体的移动互联网营销技巧的书都会在一两年后随着变化而过时，所以我们在这里不教你微博营销，不探讨微信营销，不分析APP应用客户端的营销价值，我们在这里探讨的应该是超脱于具体某个媒体渠道的营销技巧，能使我们应对所有先后涌现的热门营销渠道的东西，是移动互联网营销核心不变的东西，是可以让我们以不变应万变的原则性的东西。这就有必要让我们从整个时代变迁的角度，来审视移动互联网给整个营销领域带来的巨大变化。

## 移动互联的时代冲击

因为许多众所周知的原因，我国出版业市场化进程的步伐长期以来远远落后于其他行业，虽然近年来很多出版社加快了转企改制的步伐，市场竞争意识和投入日益增强，然而此时却突然面临着由第三次科技革命带来的严酷市场竞争：已经经历过市场化历练的互联网企业、电子硬件设备生产企业、通信巨头等杀入竞争重围，在图书电子商务、数字出版等方面给传统出版社带来了极大冲击，体制转化中的初级阶段和高级阶段的角力，让传统出版社面临极大的竞争挑战，大批地面书店的纷纷倒闭，给传统出版业更增添了一丝寒意。

那么是出版社沉溺于政策保护的安乐才造成了今天的增长乏力吗？我看不是。我们能够看到的是2011年我国图书品种数和再版、重印品种数同步增长，12.5%的同比增长速度达到历史最高水平；而各出版社每年投入营销的费用也在大幅提升，从出版社的营销宣传经费投放渠道即可管窥见豹，目前各出版社图书的媒体宣传推广已经从行业报、都市报，以及针对父母、孩子等细分读者的终端媒体，拓展到了广播、电视、网络、手机流媒体、地铁电视、公交站灯箱广告等广告费是前者广告费数倍甚至几十倍的载体上!

那么是什么让传统出版业在保增长的目标下感觉如此艰难呢?我认为是时代。由于移动互联网的发展和智能手机、平板电脑的广泛应用,造成了读者生活方式、购买习惯、阅读习惯的变化。这些变化深刻地影响着出版业的现在和未来:由于读者网上购书习惯的养成,我们已经看到大批的地面书店纷纷倒闭或收缩经营,很多出版社保增长更多地依靠网络渠道销售的增长;由于电商间的折扣恶战,导致整个出版产业链原有平衡被打破,造成出版社市场和利润的损失;由于电子阅读的逐渐推广,读者用于阅读纸质书的时间被几近免费的电子书所占据,出版社均感到继续保持增长态势的艰难。

其实不光是出版业,全社会都因为移动互联网时代的到来而重新洗牌:原有的通信业、互联网行业的格局被洗牌,在因苹果而撬动的市场中,诺基亚的霸主地位被三星取代,摩托罗拉被收购,英特尔因为对SoC（System on Chip,系统级芯片,是一个包含完整系统并有嵌入软件的芯片）的反应迟缓而在移动互联网CPU制作和研发领域被苹果和高通取代,安卓系统作为对抗苹果的IOS系统被谷歌研发,并因之而催生了HTC、小米手机等多个崛起的创业传奇,云计算、社交网络成为网络时代新生活方式的技术基础,Facebook以1000亿美元

IPO上市，在中国以新浪微博为标志的自媒体时代来临……

在这样大浪淘沙的时代背景下，传统的出版业如果仍旧保持传统的图书出版方式、节奏、营销战略和战术，那么即使明天依旧能够生存，后天也将难以保持自己的出版业市场主体地位，难以坚守自己的品牌和风格。

## 营销进入3.0时代

那么，出版业该怎么办？这个问题的答案有很多可能，比如产业升级转型，比如开展多种经营等等。也许没人能给出确定的答案，因为移动互联网时代给未来的社会发展和市场发展提供了太多变数。但是如果仅从图书营销宣传的角度上看，我认为出版机构需要改变过往的图书宣传着眼点，顺应营销革命3.0时代的要求，实现从消费者的营销向人的营销转变。

营销1.0时代企业的目标是实现产品的标准化和规模化，不断降低生产成本以形成低廉的产品价格，吸引更多顾客购买。

营销2.0时代是以消费者为导向的时代，营销者需要针对特定细分市场开发最具有优势的产品，"客户即上帝"，但这一以消费者为中心的营销方式仍坚持把顾客视为被动的营销对象。

而现在伴随着移动互联网的兴起，我们处在营销3.0时代，即价值驱动营销的时代。营销者需要不仅仅把顾客视为消费的人，还要把他们看作具有独立思想、心灵和精神的完整的人类个体。营销3.0时代的顾客变得更具合作性、义化性和人文精神，他们购买产品和服务不但要满足自己在功能和情感上的需要，还要满足在精神方面的需求，营销者要努力了解消费者的焦虑和期望，和消费者建立更深层次的关联。

同样是拜移动互联网时代所赐，消费者对企业的信任感大幅下降，据尼尔森全球调查报告显示，现在几乎没有多少消费者关注企业制作的广告，更不会以此来引导自己的购买行为，他们认为消费者之间的口碑作用往往比企业广告可靠得多。据这份调查，约有90%的消费者相信朋友或熟人推荐的产品，70%的消费者信任网络上的顾客观点。来自另一家调查咨询公司Trendstream & Lightspeed的研究也表明，消费者似乎更愿意相信社交网络上的陌生人，而不愿听从产品专家的指导建议。

如今消费者喜欢聚集在由自己人组成的圈子或社区内，共同创造属于自己的产品和消费体验。今天的消费者也变得越来越聪明，他们在观察品牌时一眼便能看穿本质，了解它们是实至名归还是徒有其表。社会化媒体中每一位用户都很清楚，为保持公正中立的立场，社区内的意见领袖对品牌的评判非常苛刻。企业必须兢兢业业，提供名副其实，不掺半点水分的产品和服务；千万不能广告里挂羊头，行动时卖狗肉，这样只会让自己的声誉每况愈下。

营销者必须意识到这种趋势并学会融入这种趋势。真正聪明的做法应当是无为而治，千万不要试图控制消费者圈子或社区，企业应顺势利导，让社区内的成员主动为你展开营销。简而言之，你要做好的就是老老实实兑现企业承诺，让企业的品牌在消费者心目中变得真实可信。营销3.0时代是一个消费者彼此进行水平沟通的时代，垂直控制对他们丝毫不起作用，企业只能靠诚实、特性和可靠来赢得消费者的青睐。

## 图书营销者如何应对环境变革

移动互联网所带来的眼花缭乱的变化猛一看似乎让我们有点措手不及，在我们还没弄明白就被架上战马提枪迎战，其实此时我们只需要稳住阵脚就能沉着应对。

面临移动互联网时代所带来的外部环境的巨大变化，我们只要扪心自问两个问题：什么是不变的？什么是变了的？

不变的是营销的本质，即通过信息的制造、传播从而影响潜在目标受众，刺激其最终购买行为的发生。所以无论是营销1.0时代、2.0时代，还是3.0时代，图书营销人员只要在信息的制造和传播两个关键点上做好工作，就能以不变应万变。

变化的是消费者的需求，是消费者获取信息的渠道，是信息传递的方式和形式，图书营销人员只要留心研究这些变化，让信息的制造和传播符合当前的消费者心理、生理需求和生活习惯（这一点在后附的引文中将得到更充分的说明），就能确保自己的营销永远具有当下性，能够实现既定目标。

营销1.0时代、2.0时代，信息通过传统媒体发布，企业向消费者进行产品功能性宣传，采用一对多模式，营销人员需要在产品功能性宣传上更能打动人，措辞更有煽动性，选择发行量大、收视率高的媒体。

移动互联网下的营销3.0时代，信息通过社交网络的传播更具有信服力，营销人员得采用多对多模式，运用符合不同社交网络特性的语言风格和传播方式来发布产品信息，选择用户数多、用户活跃度高的社交网络和粉丝数量多的网络意见领袖来发布产品信息。

如此一总结，看起来移动互联网时代的图书营销也就变得让人可以很淡定地面对了，不是吗？

事实上，营销人员不仅不应对移动互联网时代的营销感到紧张，相反应该张开双臂拥抱移动互联网时代。

移动互联网技术使得出版机构第一次可以即时地与自己的目标读者进行沟通、接触，而省去了读者市场调研的繁冗性和滞后性。通过在线调查和消费记录跟踪能为出版社积累起宝贵的读者个人情况与消费习惯资料库，从而了解到读者的真实诉求和偏好。通过对海量数据进行分析，从而持续优化对顾客的服务，出版机构据此可以进行有针对性的营销，或开发更有针对性的图书产品。

也是因为移动互联网技术，出版社第一次可以以最快的速度、多信息传递渠道（传统媒体、微博、微信、APP客户端、视频营销、SEO搜索引擎优化等）和多购买路径（地面书店、网上书店、天猫旗舰店、自营直销渠道等）向目标读者提供服务，实现宣传推广与实际销售的直接关联。出版社可以依托移动互联网技术的整合营销手段，提高自建网络旗舰店的客户黏度，通过增加能够自控的销售渠道，扩大销售——据波士顿咨询集团的报告指出，当消费者通过2个渠道购物时，零售商获得的收益是单一渠道的3倍，而如果零售商可以提供3条以上的渠道（比如目录、呼叫中心、电视购物、网上商城、移动网店等），收益在5倍以上。同时这更可以降低出版社对经销商渠道的过度依赖，减少被渠道"绑架"，被迫降低折扣从而影响利润的问题。

同时，移动互联网技术还有助于出版社增强客户黏性，确保目标客户群规模的稳定扩大和忠诚度的稳步提高。所以出版机构的营销人员必须要形成很强的适应能力，能够敏感地感知最新的社交媒体，尽快掌握该社交媒体的游戏规则，并把自己的图书宣传内容以适应其媒体圈子的方式进行传播，以寻找圈子内的意见领袖，把口碑传播作为核心中的核心。

我们欣喜地看到，这些年来出版业营销人员积极顺应时代的变化，在网络社区营销、微博营销、微信营销等方面都敢为人先，进行了大量卓有成效的探索，产生了很多具有短时轰动效应的营销案例。但也存在着不少虚假宣传，很多知名的出版机构也都曾有"水军""书托儿"等，虽然可以蒙蔽一时，却往往损失更大。聪明的消费者和有大把闲时间趴在网上的网友成为揪出"书托儿"的庞大监督队伍。在消费者信任关系日益水平化的时代，出版机构失去任何一个消费者的信任就意味着失去一个潜在的购买群体。

正如那句话说的："如果我们今天不砸掉自己的饭碗寻找新饭碗，那么明天就可能被别人抢走饭碗没饭吃。"如果出版社仍保持着固有的生产模式，或仅从出版技术革新的角度进行生产经营，不去运用新技术来开展社会化营销、整合营销，恐将难敌市场的激烈竞争。

所以作为我们这一代，与抱怨时代造成的出版环境越来越艰难相比，我们应该庆幸自己生在一个科技进步到几乎能将一切想法变成可能的时代。谷歌董事长施密特曾经说过，没有移动策略，就没有未来。作为营销人员，一定要看得比消费者更前一步，移动是我们看到的大势所趋。出版社要找好在这个大市场中自己的定位，运用新技术让自己更贴近消费者，建立起和读者的即时联络沟通，并切实提高客户转化率。

图书营销人员所要保持的是对自身事业的热爱，对社会和商业环境变化的敏感嗅觉，以及持续的学习能力，掌握了这三条，并始终以创意为武器，无论世界如何变化，我们都能无往不利地让自己的事业取得持续成长。即使有一天纸质图书被电子图书取代了，抑或我们目前所从事的行业变身为别的业态了，我们自己身上所具备的专业素质都会让我们永远成为备受企业争抢的热门人才。

如果想要深入了解数字营销，以下一些文章可能会对你有所帮助：

《移动+重新认识移动互联网》.《IT经理世界》.2013年8月.

《Apps品牌传播研究》.竞立媒体.《新营销》.2012年第8期

《如何建立数字化优势》.叶丽雅.《IT经理世界》.2013年8月.

## 数字化时代的故事艺术

赵建凯 文

人人都会讲故事，但讲好一个故事却很难，有些人就不如一块饼干做得好。

数字营销红人奥利奥最近推出了一支新的电视广告，名为"Wonderfilled"，主要内容是：如果把一块奥利奥饼干放到广为人知的童话故事人物（或动物）的手中，结果会发生什么。这块饼干会改变我们早已知道的故事剧情的发展吗？

该广告在《广告狂人》（The Mad Men）的播放季中播出，同时也被上传到了YouTube上。在广告中，人们记忆中那些童话故事的邪恶人物被重新诠释，当它们用手接到奥利奥饼干时，《三只小猪》中的大灰狼会不仅送了礼物给小猪们，还帮它们建造了一座带泳池和跳台的美丽乐园；经典角色吸血鬼在接到饼干后，从此放弃吸血而改喝牛奶了；海洋里，大白鲨与小海豹、章鱼一起晚餐，共享美食。

卡夫（奥利奥所属公司）在广告结束时抛出了一个问题："Wonder if we gave an Oreo to you. How would the story unfold?"让这块饼干在童话故事中的奇幻旅行后回归现实，同时问人们"如果给你一块奥利奥的话，又会发生些什么？"把在现实世界中观看广告的人们在广告结束后，拉进了各自的童话故事奇幻旅行之中。

### 数字化来袭

卡夫选择在《广告狂人》播出季推出这支广告或许是有

意为之，想要告诉大家《广告狂人》里那种几个西装革履的男人一边品名酒一边构思广告方案的时代已经一去不复返了，传统广告业的黄金时代行将结束。现如今的营销、广告更多的是依靠数字化——数字化算法、数字化制作工具、数字化传播平台等等。CMO也正在把更多的时间和精力花费在各种数字化技术的研究上——甚至比CTO都多。

越来越多的公司把自己的营销预算向数字化上倾斜。耐克公司在营销上的预算一直让对手望尘莫及，仅在2011年的预算就达24亿美元，但最近三年耐克在美国的电视和印刷广告上的支出降低了40%，把更多的钱投放到数字化上。由Econsultancy发起的一项调查显示，全球55%的公司CMO计划在2013年增加各自的数字营销预算，其中39%的人打算重新分配数字化渠道现有的预算数额。

几乎任何一家从事过在线销售或营销的公司，都知道在这个已经来临的数字化时代要充分做好内容营销，就要讲个好故事给别人听。但其中的多数玩家只是盲目跟风而已，他们在自己的官方网站或者公司Facebook主页上以一个讲故事专家的面孔大谈特谈自己。"如果你的自我价值感和自信都源于自己是个专家的话，那么你就会有不小的麻烦了。"数字营销机构Razorfish的董事长克拉克·考克奇说。"在诸如搜索引擎、手机行业等某些领域内的确存在专家，但在营销领域却没有'专家'这一说。"

## 什么是好故事

一旦想到一个品牌故事，消费者脑海中第一个蹦出来的恐怕就是贯穿某个时间段的品牌历史，无论这段历史的呈现形式是Facebook上的文字，亦或是YouTube上的一段视频。无论承认与否，现如今的数字化时代，消费者的感官里充斥着各种品牌故事的喧嚣，但能被他们记住的却寥寥无几。

讲一个数字化时代的好故事，就意味着品牌不仅要传达信息，还要让这些信息融入人们的生活中去，要有一个可供分享的、有意义的主题。

奥利奥的广告片，除了吸引儿童之外，更吸引成年人对自己童年的回忆和重新编排。"美丽的童话与奇妙的世界不应该只属于孩子，大人们更应该去感受它。"The Martin Agency公司的负责人士说。该公司是奥利奥2012年刚刚签下的广告代理公司，全权负责"Wonderfilled"的创意工作。"Wonderfilled"就是要让大家发现分享的价值，并从中体会到奥利奥带来的美好和奇妙。

一个品牌的好故事，无论它是一段90秒的在线视频，还是一副四格漫画；无论它是个植入式广告，还是一个电影片头广告，要想被人们铭记不忘并分享、推荐给自己身边的人，还需要有出色的故事角色塑造，由此就可以传达给人们一个难忘的和连贯的信息。如果人们觉察到营销故事的一致性——无论是线上还是线下，就会自然而然地与公司品牌联系在一起。

在一个专门针对西班牙裔观众的西班牙语在线广告视频系列剧中，美国快餐连锁运营商Wendy's介绍了Rojos一家，这是一个有着三个孩子的虚构家庭，孩子的年龄在少年到青年之间。在每一集中，Wendy's都会把其中一位家庭成员与Wendy's联系起来，向观众们展示Wendy's究竟是如何融入人们的日常生活中的。在播出几集后，人们自然对Wendy's有了更深入、更丰富的认识。

可口可乐曾策划了一个名为"Overseas Foreigh Worker's Project"的营销活动，即"海外务工人员计划"，通过提供机票等形式资助那些常年在海外工作的务工人员回家与家人团聚。可口可乐选择了一名保姆、一名看护、一名X光检验师作为资助对象，他们都已经离家至少5年之久，因为各自的原因无法与亲人团圆。

可口可乐把援助过程拍成了4分27秒的短片。片中身穿可口可乐工作服的员工举着"欢迎回家"的接机牌，印有红色可口可乐Logo的专车送这些人回到亲人身边，当这三个人与亲人相聚拥抱、庆祝团圆的时候，可口可乐的瓶子在画面中一闪即过。也正是在此刻，每个观看影片的人心中的幸福和温暖油然而生。这段短片在上传到Youtube后，仅一个月内就获得了超过76万次的点击量。

## 怎样讲一个好故事

讲一个好故事，创意是关键中的关键。

无论品牌CMO手中的数字营销预算有多少，创意始终是关键，因为它能让你故事中关联的品牌、消费者、代理机构都连接在一起。如果故事缺乏足够的创意和感染力，人们并不会在数字化世界中"转述"它，它就只能变成噪音淹没在数字化的喧嚣中。

这个创意最好与人性特点相关，或者是感恩、回忆，或者是欲望、贪婪，无论如何都要让创意带有某种感情，这样才能让听故事的人感同身受。另外，创意还要脚踏实地，要有明确的目标，即通过提升品牌形象来带动销量。一个确立了的创意，就决定了你所要讲的故事究竟会成为一条华而不实的广告，还是一条能提升销量的广告，也决定了公司的营销预算是否打了水漂。

几乎所有的品牌都通过各种数字化智能设备以及社交网络，给别人讲述关于自己的产品、服务的迷人故事。但只有很少人知道在不同的地方讲故事的方法也应该是不同的。Twitter上适合讲140字以内的短篇故事——最好别考虑连载，故事情节发展在6秒钟内完成；而在Youtube上就可以讲一个90秒钟的充满温情的"回家"故事。

听众也是讲好一个故事的重要因素。正如杜邦全球副总裁、首席营销官高珉斯所言：向农民卖种子与向政府出售为作战士兵研制的防弹凯夫拉纤维装甲是完全不同的。所以杜邦用一个50人的市场研究小组，帮助公司的销售人员，教他们如何与农民互动，如何介绍杜邦杂交种子的特性。

听众有的时候还会变成故事的转述人，宜家家居就通过找到家居方面有影响力的人，用这些人的故事去辐射宜家的潜在消费者。福特汽车也是在取得消费者信任后，"希望由我们的客户来讲这些关于福特的故事。"福特公司全球营销执行副总裁吉姆·法利说。

现在已经不再是那个产品设计、生产、营销、销售各自独立的时代，在这个数字化时代，产品（或服务）本身就是营销。所以要讲出一个数字化时代的好故事，就需要通力合作，市场营销与产品团队紧密合作、文案和销售团队紧密合作，甚至交互界面设计师也要与广告创意人员协作。在杜邦，CMO、CIO、PA、PR组建成一个团队，真正激发出各自的激情和潜力，与整个数字化营销框架进行很好的整合。只有跨部门、跨学科团队之间协同合作，才能释放出更多的能量，讲出一个好故事。

——引自《IT经理世界》2013年8月20日

## 本课小结：

第三次科技革命带来的市场严酷竞争，让传统出版社面临极大的竞争挑战。由移动互联网的发展和智能手机、平板电脑的广泛应用，造成的读者生活方式、购买习惯、阅读习惯的变化，深刻地影响着出版业乃至全社会的现在和未来。

在这样大浪淘沙的时代背景下，传统的出版业必须调整图书出版方式、节奏、营销战略和战术。在图书营销上，要顺应营销革命3.0时代的要求，实现从消费者的营销向人的营销转变。营销者需要不再把顾客仅仅视为消费的人，而是把他们看作具有独立思想、心灵和精神的完整人类个体，要努力了解消费者的焦虑和期望，和消费者建立更深层次的关联。企业必须兢兢业业，提供名副其实、不掺半点水分的产品和服务，靠诚实、特性和可靠来赢得消费者的青睐。

图书营销者要把握时代变革中变与不变的分别是什么，牢牢把握信息的制造和传播这两个关键点，顺应消费者的需求、获取信息的渠道、信息传递的方式和形式的变化。悉心研究，让信息的制造和传播符合当前的消费者心理、生理需求和生活习惯，以确保自己的营销永远具有当下性，能够实现既定目标。

而在数字化时代讲述好故事的关键始终是创意，它能让你故事中关联的品牌、消费者、代理机构都连接在一起。如果故事缺乏足够的创意和感染力，人们并不会在数字化世界中"转述"它，它就只能变成噪音淹没在数字化的喧嚣中。

移动互联网技术使得出版机构第一次可以即时的与自己的目标读者进行沟通、接触，可以让我们以最快的速度、多信息传递渠道和多购买路径选择来向目标读者提供服务，实现宣传推广与实际销售的直接关联。这对大部分出版社的营销人员来说都是一次难得的弯道超车的机会。

图书营销人员只要始终保持对自身事业的热爱，对社会和商业环境变化的敏感嗅觉，以及持续的学习能力，始终以创意为武器，就能无往而不利的让我们自己的事业取得持续成长。

# 后　记

常言道：“人之将死，其言也善。”本书所著的确是我至善之言。

这部书稿最初缘起于2012年初，那年我29岁，从事出版业快七个年头了，心头一痒，想要换个行业，试试离开熟悉的图书出版业，在别的行业自己能不能干出一番成绩。临走之前寻思着别把自己多年的工作心得就这么浪费了，于是有想法把多年的工作心得以系列文章的方式整理发表出来，希望对其他业内同行有所帮助。

当时把这个想法和《中国图书商报》（现《中国出版传媒商报》）营销周刊的主编邹昱琴一说，得到了她的大力支持，表示愿意在营销周刊连续刊发出来。于是我就开始按照自己最喜欢的朱光潜先生所著的《谈美书简》的书信体例开始着手写“致图书营销新手的六封信”。这六封信从2012年2月3日起，至当年9月14日分9期陆续发表。

本来我在当年3月就写完了全部文章并准备收拾铺盖离开出版业了，但却阴差阳错的不但没走反而在出版业扎下根雷打不动了。而随着几封信的陆续发表，据说读者反响强烈，一些出版社纷纷向报社索要全稿的电子文档用作员工培训，倒真应了"无心插柳柳成荫"那句话，我自然也是喜出望外，虽然陆续有几家出版社请我去做讲座，我也以为这件事也就到此为止了。

2013年年中，"新出版"书系主编李鲆（他同时也是业内享誉度颇高的《中国编客》的主持人和著名的出版研究者，著有"鲆书"系列，已出版《畅销书浅规则》《畅销书营销浅规则》和《名人书浅规则》）跟我谈起把"致图书营销新手的六封信"扩充成书稿出版的可操作性，我只当是客气抬举我，虽然一口答应，事后倒也完全没当回事。哪知道等过了暑期，李鲆就把图书代理协议发给了我，我这才对这事认真起来。

等签了合同这事儿倒成了一块时时压在我心头的负担，偏巧接下来的几个月忙新业务的事焦头烂额只字未动，直到2014年元旦，觉得再不动笔2月铁定交不了稿，才硬着头皮开始动笔，但没想到真写起来倒也利索，一万八千字的稿子轻轻松松便奔着七万字的书稿去了，把当初因为报纸发表字数有限而不能尽述的内容在书稿里畅所欲言。如果说2012年在报纸发表的文章是舒了一口气，那么这次书稿的撰写则是长出了一口气，把肚子里这些年的营销心得精华全抖搂出来了，倒也轻松愉快。

关于书稿的撰写体例，我重点参照了在我刚入行时给了我很大帮助，由王亚民主编的"出版人丛书"。该丛书中由一帮英美作家撰写的《图书宣传》《售书攻略》《成功出版完全指南》《我是编辑高手》等，以通俗易懂的语言，极强的实践指导性和生动细致的案例，对我当时快速进入和熟悉出版业产生了巨大的帮助，也让我当时决定如果自己日后有机会出书，一定要学他们的写作风格，绝不搞那种力求往理论高度上提升，看上去极其厚重的学究气十足的文风。

另给我撰写此书重要帮助的图书分别是美国作家斯图尔特的《怎样和媒体打交道》（中信出版社 2005年7月第1版）和威廉·E.布隆代尔的《华尔街日报是如何讲故事的》（华夏出版社 2006年1月第1版）。

此外，本书的很多营销案例都来自于由北京开卷信息技术有限公司编著的《从一万到百万——超级畅销书的秘密》。该书非常详尽深刻地分析了近些年来各类别图书板块的畅销书畅销密码，是每一个图书营销人员都该必备的一本书。

美国作家马尔科姆·格拉德维尔的《引爆点》（中信出版社 2006年1月第2版）、英国作家维克托·迈尔–舍恩伯格和肯尼斯·库克耶合著的《大数据时代》（浙江人民出版社 2013年1月第1版）及由美国营销学大师菲利普·科特勒和印度尼西亚学者何麻温·卡塔加雅与伊万·塞蒂亚万合著的《营销革命3.0》（机械工业出版社 2013年6月第1版）的内容对于我撰写最后一章都有重要指导借鉴。

如果您想在图书出版领域成为一个优秀的营销者，我建议上述的这几本书最好您都能找来看一看，我的这本书严格来说只能算是您从事图书营销工作的提纲，您想要深入了解每个部分的精髓，想要让自己各方面能得到充分的提升，看看上面所述的这些书应该对您大有裨益——至少我就是在边看这些书边工作的过程中从一个什么都不会的小伙子成长到今天这个岁数的。

最后，我想在此感谢为这本书曾直接或间接给予巨大帮助的人，感谢我的大学老师徐丽芳和姚永春，是她们的悉心指导燃起了我的学术热情，激励我笔耕不辍至今；我要感谢中国纺织出版社社长郑伟良，是他在我入行时对我的欣赏让我对出版业有了一个愉快的开始；我要感谢接力出版社总编辑白冰、副总编辑黄集伟，是他们俩手把手地指导我成长，细致到了从新闻稿的撰写、媒体的联络、活动的举办到战略眼光的培养，我有今天全然是这两位师长的栽培；最后我要感谢邹昱琴和李鲆，正是他们俩才让我的一个构想变成了系列文章，直至今天变成了一部书稿。

　　由于我资历尚浅，学识有限，且本书的撰写较为仓促，书中如存错讹，欢迎大家批评指正。我的电子邮箱是1982814@163.com。

常晓武

2014年2月10日